Les veilleuses

Les éditions de la courte échelle inc.
5243, boul. Saint-Laurent
Montréal (Québec) H2T 1S4

Photo de la couverture avant:
George Konig / Getty Images

Photo de la couverture arrière:
Alexis Laflamme

Conception graphique de la couverture:
Elastik

Conception graphique de l'intérieur:
Derome design inc.

Mise en pages:
Mardigrafe inc.

Révision des textes:
Andrée Laprise

Dépôt légal, 3ᵉ trimestre 2002
Bibliothèque nationale du Québec

La courte échelle reconnaît l'aide financière du gouvernement du Canada par
l'entremise du Programme d'aide au développement de l'industrie de l'édition pour
ses activités d'édition. La courte échelle est aussi inscrite au programme de subvention
globale du Conseil des Arts du Canada et reçoit l'appui du gouvernement du Québec
par l'intermédiaire de la SODEC.

La courte échelle bénéficie également du Programme de crédit d'impôt pour l'édition
de livres — Gestion SODEC — du gouvernement du Québec.

*L'auteur a bénéficié de l'aide financière du Conseil des Arts du Canada pour l'écriture
de ce roman. Il en exprime ici sa gratitude.*

Données de catalogage avant publication (Canada)

Plante, Raymond

   Les veilleuses

   (Roman; 28)

   ISBN 2-89021-602-0

   I. Titre.

PS8581.L33V42   2002   C843'.54   C2002-941321-4
PS9581. L33V42   2002
PQ3919.2.P52V42 2002

RAYMOND PLANTE

Les veilleuses

la courte échelle

En Corrèze, j'ai un ami qui est gynécologue
obstétricien. J'aime bien dire qu'il est accoucheur.
C'est un homme du côté des femmes, par son métier,
par sa nature aussi.

Sa maison fourmille d'objets, de souvenirs,
de collections. C'est une partie de son âme,
là, sa mémoire. Il m'invite souvent à m'installer
parmi ses choses, ces preuves que la vie continue.
Mon ami est maternel. Il veut que je loge
dans son ventre.

Il s'appelle François Desfarges.

Je lui dédie ce livre sur les femmes
qui m'ont mis au monde.

R.P.

I

Prologue aux lèvres fendues

Dans ces mots, à travers ces lignes, rien n'est certain. Je me méfie des vérités, petites ou grandes. Je vous raconte ces veilleuses telles que je les ai vues, telles que je les ai entendues, telles qu'elles sont devenues. Des années après leur mort, elles deviennent et se transforment en moi.

Je suis né dans leur histoire. De leur histoire. Celle de la vie, de la chair, du sang et, surtout, de la sueur. Cette histoire ressemble au récit d'un combat quotidien pour être, pour espérer le bien-être.

J'ignore si j'ai eu une enfance heureuse ou malheureuse. Je sais que j'ai vécu une enfance amoureuse. Je ne vous apprendrai pas ce que les amours contiennent, consultez les notes sur l'emballage de vos voyages personnels.

Ce récit est l'histoire d'un amour d'enfant, d'une solidarité familiale, de deux femmes qui m'ont nourri. Très différentes. J'en ai la preuve sur mes lèvres.

Deux fois, j'ai eu les lèvres fendues.

Un soir, au chalet de ma grand-mère, j'ai voulu faire l'acrobate. Des idées que l'on a à six ans, comme ça, et même plus tard. Pour quelle raison ai-je voulu me suspendre à la table de la grande pièce centrale ?

Je suis tombé en pleine figure sur le sol. Ma lèvre supérieure a éclaté.

Les lèvres saignent facilement, abondamment. Le goût cuivré du sang dans la bouche, la flaque rouge sur le plancher de bois, l'étourdissement qui mêle tout.

J'ai été consolé dans les bras d'Anna. En frottant délicatement ma plaie avec un cube de glace, elle a engourdi ma bouche. Par la suite, ma lèvre a désenflé, mais elle est restée boursouflée d'une bosse qui cache une partie de l'incisive.

Quelques années plus tard, sur la patinoire de l'école, j'étais un peu empêtré dans mon lourd équipement de gardien de but. Un patineur maladroit s'est dirigé vers moi, a raté son freinage et m'a fauché. Je suis tombé en pleine figure sur la glace. Pour la deuxième fois, ma lèvre supérieure a éclaté.

Lorsque je suis rentré à la maison, Pauline, ma mère, m'a enguirlandé :

— Tu vas te faire défigurer. T'es-tu regardé dans un miroir ? Attends-tu de te faire casser les dents pour arrêter tes folies ?

J'ai pensé qu'elle se jetterait sur moi pour me flanquer quelques bonnes taloches.

Pendant des semaines, la flaque rouge de mon sang a marqué la glace, juste devant le filet. Je m'en suis tiré avec une autre bosse.

J'ai les lèvres tendres, les dents solides.

Dans les petits malheurs, il y a bien des façons d'aimer. J'en ai connu deux. Il ne fallait pas brailler dans le giron de Pauline. Celui qui se trouvait au mauvais endroit, au mauvais moment, en était responsable.

Aux jours de grandes chaleurs, j'aime poser de la glace sur mes lèvres tuméfiées. C'est bon, un baiser aux lèvres glacées.

Ce récit est aussi une aventure, celle de l'écriture d'un faux roman, d'une autobiographie qui s'invente mal, d'une chronologie cassée. J'ai découvert que son fil conducteur ne menait pas à un but précis. Il avait la texture du fil de soie qui s'enroule et emprisonne votre mémoire dans un foutu cocon.

2

Fin d'études

Les études de Pauline Deneault ont pris fin d'une manière aussi abrupte que dramatique, le mercredi 18 septembre 1939. Ce matin-là, pour souligner son piètre résultat à un contrôle de grammaire française, sœur Saint-Ambroise-du-Calvaire la semonce vertement :

— Vous êtes une paresseuse, mademoiselle Deneault, vous n'étudiez pas. Vous préférez les bingos et les tombolas à vos leçons. Ne niez pas. Samedi soir, on vous a aperçue, rue Mont-Royal. Vous transportiez orgueilleusement la lampe sur pied que vous aviez gagnée.

Pauline, les yeux rivés sur son pupitre, feint le repentir. C'est l'attitude à adopter en de telles circonstances : fixer un point dénué d'importance, se blottir dans le mutisme et laisser passer l'orage qui, en s'amplifiant, vire au ridicule. La petite nonne aux lèvres pincées saisit la futilité de son propos. En ce début de l'année scolaire, elle connaît la réputation de son élève : une indépendante qui n'en fait qu'à sa tête. Elle a résolu de la casser à la première occasion. En brandissant les feuilles rougies de ratures et de zéros, elle ajoute une phrase vicieuse que les religieuses savent si bien tourner :

— Pauline Deneault, c'est en agissant de la sorte que vous avez fait mourir votre père.

Erreur de jugement ! Les filles de la neuvième année B voient cette grande perche trop maigre pour ses quatorze ans bondir de son siège et fondre sur l'enseignante. Ses bras battent l'air comme les ailes folles d'un moulin à vent. Le cœur porté par un ouragan, Pauline attrape le voile de la sœur. De toutes ses forces, elle tire.

Les élèves, estomaquées, constatent que le mythe des religieuses à moitié chauves sous leurs multiples voiles ne relève pas de la fantaisie. De toute manière, si sœur Saint-Ambroise-du-Calvaire avait une épaisse chevelure, elle ne la conserverait pas longtemps. Quand Pauline Deneault voit rouge et que ses mains osseuses se referment sur une proie, elles ne la laissent pas filer. La nonne hurle comme une martyre. Ses consœurs des classes voisines lui portent secours. Sans elles, la religieuse se retrouverait nue. Pauline peut devenir hystérique quand elle est blessée. Au mois de mai précédent, dans la cour de récréation, elle a déjà arraché une poignée de la tignasse de Fleurette Allard. L'affaire a été un peu étouffée, la sœur directrice de l'école Notre-Dame-du-Très-Saint-Sacrement ayant jugé qu'il fallait pardonner la violence de cette malheureuse dont le père était à l'agonie. L'attaque démente du 18 septembre ne peut pas se régler aussi facilement.

Le lendemain matin, Anna Deneault ne se rend pas au bureau de la directrice en compagnie de sa fille rebelle. Elle pourrait pleurer, faire valoir qu'elle est veuve depuis juillet et que Pauline est orpheline de père, qu'elle a quatre fils et une autre fille. Mais Anna, les yeux secs, bien que moins frondeurs que ceux de Pauline, ne joue pas cette comédie. Les Deneault ne se plaignent pas. Ils ont choisi de ne jamais prêter flanc à la pitié.

Pauline est mise à la porte de l'école par contumace. Si la phrase de sœur Saint-Ambroise-du-Calvaire l'a blessée au point qu'elle n'a pas pu contrôler sa fureur, son renvoi lui paraît un baume. Elle détestait l'école. Elle estimait y perdre un temps précieux qu'elle consacrera désormais à gagner de l'argent. Une famille qui a perdu son chef a davantage besoin de sauver sa peau au présent que d'étudier pour préparer un hypothétique avenir.

À quatorze ans, avec une huitième année en poche, Pauline Deneault se lance sur le marché du travail. En 1939, les petits emplois pour les filles ne sont pas rares.

Au fond, elle ne se remettra pas de cet échec en grammaire française. Pour ne pas révéler sa carence orthographique, elle évitera l'écriture sous toutes ses formes. Elle ne s'épuisera à la rédaction de la plus banale des missives que lorsqu'elle y sera forcée. Elle confiera les trois phrases des billets d'absence scolaire de ses enfants à sa fille, Mireille, qui a toujours eu une belle plume. Son testament sera on ne peut plus laconique, cinq phrases pratiques.

Elle conservera des feuilles remplies de chiffres. Dans sa vie, elle a écrit plus de chiffres que de mots. Elle aurait préféré les additions aux soustractions.

3

Pauline et Anna

Pauline était ma mère.

Anna, ma grand-mère.

En mouchant cette religieuse, ma future mère, tigresse blessée, s'est vengée des autres bonnes sœurs qui l'avaient bafouée ; celles qui, l'œil noir, lui avaient reproché son manque de travail, d'application, d'intérêt, d'assiduité ; celles qui l'avaient jugée paresseuse. Elle en a eu assez, elle a agi. Brutalement.

Désormais, Pauline n'aurait plus à se causer des soucis avec ses devoirs pas faits ou ses leçons mal apprises. Une paye valait bien des bulletins. Il était moins humiliant de recevoir de l'argent que de subir les foudres d'une religieuse détestée.

Depuis quelques années déjà, pendant les vacances d'été, les fins de semaine ou les soirs, Pauline attrapait tous les petits boulots. Si on annonçait une tombola au centre paroissial, elle en devenait la meilleure vendeuse de billets. Il y avait le restaurant du parc La Fontaine, l'été, un Quinze cents ou un snack-bar, l'hiver. Serveuse toujours. Avec le public, elle avait de la façon, souriait pour mettre en évidence les fossettes de ses joues. Elle savait servir.

Et sa fureur ? Après l'incident de la classe, où a-t-elle caché son envie de secouer ceux qui voulaient la dompter ? Je ne sais pas jusqu'à quel point, à la suite de cette charge épique, ma mère a été furieuse. Avec nous, en famille, elle a eu ses colères. En public ? Jamais. Quelle a été sa limite ? Depuis ce jour où elle a mérité le droit de travailler, elle n'a plus jamais manifesté ses révoltes. Elle est devenue une bonne employée, quelqu'un de fiable. Qu'est-ce qu'elle a gommé en elle pour ne plus être une Apache ? Quand a-t-elle commencé à avoir peur et, surtout, à plier devant cette peur ?

Ma mère, celle que j'ai connue plus tard, par la force des choses, n'avait rien des femmes de l'Histoire.

Ma mère n'avait rien de Jeanne d'Arc. Ma mère n'était pas Thérèse Casgrain ou Simonne Monet-Chartrand. Ma mère ne prenait pas la parole en public.

Ma mère ignorait qui était Marguerite Duras, Simone de Beauvoir ou Gabrielle Roy. Ma mère avait peur d'écrire.

On a donné en exemples à ma mère les vies de Marguerite Bourgeoys, de Jeanne Mance. Elle n'a pas voulu devenir religieuse ou infirmière pour autant.

Ni comédienne. Ma mère aimait Ingrid Bergman, Betty Davis, Madeleine Robinson. Elle admirait Michèle Morgan. Dans un *scrapbook*, ma mère a collé la photo de Hedy Lamarr.

Ma mère avait quelque chose d'Olive Oyl (la blonde de Popeye). Grande, maigre, nerveuse. Un point d'exclamation noueux. Presque de la bande dessinée.

Elle n'était qu'elle-même, plantée là, dans nos vies. C'est-à-dire les existences de ses enfants, Mireille, Pierrot, Olivier et moi, qui apparaîtrons plus tard. Pendant les années qui ont suivi sa colère mémorable, elle est devenue un rouage important du clan Deneault, sa famille.

Anna, ma grand-mère, n'était pas une petite vieille de cliché. Pas une bigote, ni une raconteuse de légendes. Même à quatre-vingt-deux ans, au fin bout de sa vie, et malgré les poussées d'arthrite qui raidissaient ses hanches, elle n'était pas courbaturée, ne se traînait pas, ne se soutenait pas sur une canne. Elle n'était ni sorcière ni diseuse de bonne aventure ou donneuse de leçons.

Elle a été une mère poule, du début à la fin.

Le matin de son départ, elle n'a pas eu le temps de faire la vaisselle du petit-déjeuner. Pour la première fois.

Ma grand-mère était une maison, un refuge. La maîtresse d'une ruche.

Ma mère était une ouvrière. Du type abeille. La ruche était nécessaire à sa vie comme à sa survie.

Mireille, ma sœur Mimi qui percevait les choses avec justesse, qualifiait ma mère de cactus. Parce que ces plantes peuvent survivre à bien des maux et savent rester debout, les pieds dans le sable. Les déserts sont des lieux extrêmes, vous y passez de l'enfer ensoleillé aux gels de la nuit.

Abeilles ou cactus, tous deux peuvent piquer. Pauline Deneault savait piquer. Pour se défendre ou pour attaquer. Pour ne pas hurler, peut-être.

4

Portrait de famille autour d'un disparu

Deux mois avant la guerre, le 6 juillet 1939, Léon Deneault rend l'âme. Cancer de l'intestin. Il a quarante et un
ans. Les premiers symptômes de sa maladie sont apparus à
la fin de 1937, à peine un an après que sa famille eut déménagé au 4432, rue Boyer, près de Mont-Royal.

Malgré l'étroitesse des lieux, Anna et Léon jugeaient ce
logis plus convenable que ceux des rues Fabre et Plessis où
ils avaient vécu auparavant. C'était un rez-de-chaussée de
six pièces : une cuisine, une salle à manger, un salon et trois
chambres, celle des parents qui donnait sur la cour arrière,
une autre, plus longue, où couchaient les quatre garçons, et
enfin la deuxième partie du salon double, qui pouvait se séparer du salon par une lourde draperie, était la chambre des
filles. Derrière, la cour intérieure était partagée par le triplex
voisin et les deux maisons de la rue Mentana. Un passage
conduisait à cette rue. Je connais le lieu, il est mon enfance.

La rue Boyer, avec ses grands érables et ses maisons en
grosses pierres grises, demeurait relativement tranquille. Le
roulement sourd des tramways qui passaient à proximité
dans l'avenue du Mont-Royal marquait les quarts d'heure.
Un mal pour un bien puisque, de la porte du logement, une
trentaine d'enjambées suffisaient pour atteindre l'arrêt des
« p'tits chars ».

Le loyer raisonnable permettait à mon grand-père d'espérer joindre les deux bouts. Son salaire de commis, au rayon

17

des vêtements pour hommes chez Sauvé Frères, n'était pas fabuleux, mais correct. Anna et lui n'étaient pas le seul couple à avoir six enfants. Ils souhaitaient tout de même se maintenir à huit dans ce logement, Léon contrôlant mieux ses ardeurs.

La maladie l'a surpris alors que la fin de la Crise économique et l'imminence de la guerre lui permettaient de croire en des jours meilleurs. Elle s'est annoncée par une constipation chronique. En décembre 1937, Léon a souffert d'une occlusion intestinale. À l'hôpital, les rayons X ont détecté une masse suspecte. L'opération du mois suivant devait confirmer un cancer de l'intestin.

Dans le salon du 4432, rue Boyer, Léon Deneault est exposé pendant deux jours. La chaleur humide comprime le lieu. Pauline, qui a peur des morts, n'est pas brave. Elle a mal au cœur et constate rapidement que, malgré les fleurs qui embaument la maison, la dépouille de son père commence à sentir. Elle a le nez fin pour détecter l'odeur de la mort.

La parenté, les amis, les connaissances affluent, chacun prononçant les habituels lieux communs. Plusieurs soulignent la précarité de la situation. Léon laisse dans le deuil sa femme, Anna, et six enfants, dont l'aîné a tout juste dix-sept ans et Marie, la plus jeune, cinq ans. Après l'agonie lente et douloureuse, son décès prend l'allure d'une délivrance. Au fil des six derniers mois, ses enfants l'ont vu fondre. Les os ont pointé sur ses joues, sa mâchoire s'est dessinée, ses yeux se sont creusés. De jour en jour, son front s'est dégarni, une grosse veine a sailli sur sa tempe. Cependant, même amoindri, Léon Deneault semblait chic, propre. Cet homme avait l'orgueil des beaux habits. Sur une photo prise à l'hôpital, il disparaît dans une robe de chambre de millionnaire, du type que l'on retrouve dans les vieux films américains ou dans les pièces de Sacha Guitry. Presque de la soie. Un vêtement que l'on enfile pour se servir un cognac et fumer un cigare de qualité.

En ces jours sombres et malgré l'avenir indécis, ses enfants montrent une dignité et un orgueil tenaces. Je les imagine, jeunes à cette époque où le mot adolescence n'était pas à la mode. Ils portent une jeunesse fragile à laquelle manque cruellement l'insouciance.

— Papa était mieux de mourir, répète Pauline. Il n'aurait jamais pu vivre avec un petit sac sur le côté. Parce que s'ils l'avaient encore opéré, ils n'auraient pas eu le choix. On a beau être propre, un sac de plastique, ça finit par sentir. Papa aurait été trop orgueilleux pour accepter ça.

Pourquoi ai-je l'impression que c'est par la mort du père que la famille Deneault est vraiment née ? Malgré les différences d'âge et de personnalité qui existaient entre Jean-Marcel, Pauline, Julien, Jacques, Guy et la petite Marie, cet événement a tissé une unité attendue. Devant eux s'est tracée la ligne précise qu'ils suivraient. Leur vie serait une expédition, à la fois douloureuse et parsemée de bonheurs, qu'ils devraient mener collectivement.

Ils sont là, presque trop droits, alignés devant le cercueil. Ils ont eu le temps de se préparer à l'événement, ils viennent néanmoins de vieillir de dix ans. Ils ne reparleront plus beaucoup de leur père. Chacun en conservera un petit souvenir, celui d'un incident qui l'a marqué.

Dès le premier matin, Jean-Marcel, convaincu de l'importance de son rôle d'aîné, accueille les visiteurs avec un sens du devoir exemplaire. Il a de l'entregent, une manière de se tenir, les épaules étroites mais le dos large. Responsable en quelque sorte, presque altier devant l'incertitude.

Jean-Marcel, malgré ses dix-sept ans, imagine déjà comment dompter cette misère. Il a du courage, du cœur et une tête capable de calculer et, surtout, de saisir les bonnes affaires. Une lueur d'autorité perce dans ses yeux en amande. La moustache naissante, le cheveu court et bien coiffé, il entraîne chacun des visiteurs vers sa mère, de façon à ce que personne ne l'accapare pendant de longues minutes. Cela lui permet de vérifier si la veuve tient le coup. Anna demeure inébranlable.

Depuis plusieurs mois, Jean-Marcel a deviné l'importance de se montrer fort. Dans son esprit, son père était déjà parti. Il l'a maintes fois remercié pour sa sévérité. N'est-ce pas toujours le plus vieux qui la subit ? Ce garçon trop sage admettra qu'il aurait pu devenir un voyou. Quelques années plus tôt, il a fréquenté des copains de son école qui épuisaient leurs soirées au restaurant du coin. Léon l'a appris. Un soir, à huit heures, alors que les jeunes fumeurs envahissaient cet antre et que Jean-Marcel tirait lui-même sur sa première Sweet Caporal de la soirée, son père est entré, a dépassé le comptoir à cigarettes et s'est dirigé vers lui, incongru dans ce lieu réservé à la jeunesse. Avant de quitter la maison, Léon avait pris soin de nouer sa cravate qui marquait les mouvements accélérés de sa pomme d'Adam. Il portait sa chemise blanche au collet amidonné, son pantalon gris et son blazer marine. Sans s'occuper de qui que ce soit, il s'est immobilisé devant son fils et, le regard en feu qui valait tous les discours, il lui a saisi le bras.

— À la maison ! a-t-il grogné d'un ton aussi tranchant qu'un rasoir.

Incapable d'avancer le plus petit argument, Jean-Marcel avait les jambes en guenilles, les oreilles rouges, la tête prête à éclater. Il a marché jusqu'à la porte, le bras toujours coincé dans l'étau de la main de son père. Si Léon l'avait lâché, le garçon se serait écroulé par terre devant tout le monde.

À l'extérieur du restaurant, Léon n'a pas desserré son emprise. Ils ont paradé ainsi jusqu'au logement. Les témoins pouvaient croire que Léon Deneault brandissait son fils tel un étendard. Dans Mont-Royal, le long de trois rues, puis dans Fabre, Jean-Marcel se mordait les lèvres pour ne pas pleurer.

Le père n'a abandonné sa prise que lorsqu'il eut fait pénétrer son fils dans sa chambre. Il a dit, toujours tranchant :

— Je ne veux plus jamais te voir là. M'as-tu compris ?

Jean-Marcel a répondu oui. En retirant sa chemise, il a constaté que les traces de la main sèche de Léon avaient marqué son biceps de part en part. Le lendemain, ces marques ont bleui. Peu à peu, elles ont ressemblé à un brassard, pareil à ceux que les communiants portaient à l'école ou que les nazis arboraient dans les journaux.

Jean-Marcel n'a jamais oublié les éléments douloureux de cette scène. Surtout, sa honte. Il ne deviendra pas un voyou, cela n'étant pas digne des Deneault. Il ne se placera plus en situation d'avoir honte.

Sans se consulter, les autres enfants ont adopté une attitude identique. Devant le cercueil, ils ne pleurent pas. Ils ont choisi l'image de la force. Ensemble, ils défendront le nid dans lequel ils ont installé leur mère. Pour chacun, le départ de ce cocon s'avérera difficile. En fait, ils ne l'ont jamais abandonné.

Dans le salon, Julien promène son air d'enfant de chœur. Ce qu'il est en réalité. Depuis son plus jeune âge, il sert la messe et fait partie du chœur de la paroisse. En plus d'être pieux, il est bon en classe, le meilleur élève de la famille. Il décroche toutes les médailles honorifiques. En juin, il a terminé ses Éléments latins, au Collège Grasset, et jouit d'une bourse de l'Œuvre des Vocations pour compléter son classique. Il se dirige vers la prêtrise, évidemment.

Les pères du Très-Saint-Sacrement défilent sans arrêt. À croire qu'ils se sont organisés pour assurer un relais de prières. Quand toute la classe de Julien s'amène, le salon rapetisse encore. La maison devient une boîte compacte de prières.

Près de Julien se tient Hubert Lachapelle que la disparition de Léon Deneault affuble d'un rôle qu'il tiendra jusqu'à la fin de sa vie. Il est dans la trentaine, célibataire et paraît en bonne voie de le demeurer. Le bénévolat ne lui fait pas peur, il a œuvré dans presque toutes les institutions charitables, de la Saint-Vincent-de-Paul au soutien des orphelinats, il a aussi été chef scout. Léon l'a rencontré dans des rassemblements catholiques, ils ont sympathisé. Commis de bureau dans une entreprise de plomberie, Hubert possède une certaine instruction puisqu'il a étudié jusqu'en Rhétorique. Par manque d'argent, il n'a jamais pu terminer ses études classiques.

Léon, malade, a su repérer en lui l'homme généreux et disponible. Il lui a confié une mission : s'occuper des études de Julien. Quand on s'appelle Hubert Lachapelle, on accepte cette mission. Elle devient votre *modus vivendi*. Désormais, Tubert, comme les enfants l'appellent familièrement, fréquentera les Deneault. La mort de Léon Deneault vient de transformer sa vie.

De son côté, Jacques grimace. Il grimacera toujours, que ce soit à cause du soleil ou de la fumée de sa cigarette ou des autres problèmes de la vie. Lui aussi, il comprend qu'il ne poursuivra pas de longues études. Il devra travailler. Pour le moment, à dix ans, il se faufile, tente de trouver sa place entre Jean-Marcel, l'aîné, Julien, le futur prêtre, et Guy, l'éclopé. De son père vivant, il conserve le souvenir des repas familiaux. Comme dans toutes les tribus traditionnelles, Léon trônait au bout de la table. Il était servi le premier. Les enfants suivaient par priorité d'âge.

Quand tous avaient eu leur assiette, Anna disposait les plats au milieu de la table. On mangeait en silence. Habituellement, Jacques, qui avait peur d'avoir faim, risquait un timide :

— Je peux prendre une petite patate ?

En ne répondant pas, son père faisait mine d'accepter. Dès que le gamin approchait la main du plat, Léon donnait un rapide coup de couteau vers les doigts aventureux. C'était une situation étrange où se mêlaient l'envie de faire une blague et le besoin de démontrer son autorité. Finalement, Léon demandait :

— Laquelle veux-tu ?

Jacques indiquait un morceau de pomme de terre que son père piquait de la pointe de son couteau et déposait dans son assiette. Le garçon multipliait les remerciements. Sa patience et son respect des règles de politesse lui avaient valu sa « petite patate ».

Devant la dépouille de Léon, les visiteurs prennent les deux plus jeunes en pitié : Marie, parce que perdre son père à cinq ans est un drame dont elle ne mesure pas encore l'importance, et Guy qui cherche refuge auprès de sa mère en dissimulant le côté droit de son visage. Souvent, son œil crevé s'infecte et Anna doit le soigner. L'œil de Guy, son complexe, et en quelque sorte l'héritage de son père. C'était un accident, certes, mais Léon, par son imprudence, en demeurait partiellement responsable.

Dans le corridor du logement de la rue Plessis, il y avait une fournaise à l'huile. Un soir, Léon avait demandé à Guy de lui apporter sa pipe, déposée sur une petite tablette au-dessus de la fournaise. Le bambin s'était précipité. Un casse-cou ! Il avait grimpé sur une chaise qui avait basculé. Dans sa chute, son œil droit s'était blessé sur la fonte rougie. À l'hôpital, on avait constaté qu'il fallait lui enlever l'œil dont les paupières avaient été brûlées.

Combien de fois ma mère, qui pour raconter en détail un accident n'avait pas son pareil, a-t-elle repris cette histoire ? Lorsque Guy s'était réveillé, elle était à son chevet. Il avait les yeux bandés.

— Je ne vois plus rien, gémissait-il, je suis aveugle.

Le sang de Pauline s'était glacé. Devenir aveugle à six ans ! La capacité dramatique de ma mère échafaudait des images horribles. Déjà, elle imaginait son jeune frère, sur le parvis de l'église Notre-Dame-du-Très-Saint-Sacrement, offrant des crayons aux passants de l'avenue du Mont-Royal.

— Je veux de l'eau.

Une plainte. Comment résister à un enfant qui a soif, affreusement soif ? Il insistait, pleurait. Pauline devinait la douleur des larmes qui coulaient des yeux crevés. Elle s'était mise à parcourir les couloirs de l'hôpital en hurlant que son frère était aveugle, qu'il fallait lui donner de l'eau.

Ses bras s'agitaient, elle était à bout de souffle. Autour d'elle le décor s'était mis à tanguer. Ainsi, ma mère avait perdu connaissance aux pieds de la première infirmière qu'elle avait croisée.

Guy a perdu un œil. Il n'est pas devenu aveugle. Il en restera marqué. Il s'agrippe à sa mère. Au milieu des tragédies, Anna flotte un peu. Si elle demeure affable avec les visiteurs qui lui offrent leurs condoléances, elle cache sa douleur. Elle n'est pas femme à se plaindre. Elle se laisse porter par l'événement. Elle écoute ce qu'on lui raconte au sujet de Léon. Elle enfouit ses sentiments. Par la suite, elle évoquera rarement son mari.

À l'occasion, elle se souviendra de leurs premières rencontres. C'était l'été. Elle se rendait à son travail dans une maison de couture en tramway. La jeune fille de vingt ans qu'elle était, qui habitait Ahuntsic, pour ainsi dire la campagne, ne pouvait détacher les yeux de cet élégant jeune homme qui mangeait une pêche en prenant garde de ne pas éclabousser de jus ses vêtements. Complet clair au pli impeccable, belle chemise au col empesé, cravate, Léon Deneault, qui était un peu dandy, s'était essuyé les mains à l'aide d'un mouchoir blanc avant de monter à son tour dans le tramway. Anna n'a jamais pu supporter les mains collantes, les morveux, les renifleurs et les mâcheurs de gomme. Même si elle devait élever six enfants, les mains collantes la hantaient, la faisaient frissonner. Ce geste de Léon ne pouvait que la séduire.

De son côté, il a dû la repérer parce qu'elle était belle femme.

Ils s'étaient mariés le 1er août 1922. Ils se sont trimballés de la rue Beaudry, près du fleuve, à la rue Cartier d'où ils ont été délogés lors de la construction du pont du Havre (aujourd'hui le pont Jacques-Cartier). Ils ont habité quatre ans rue Fabre et deux ans rue Plessis avant de déménager au 4432, rue Boyer. Les enfants sont apparus rapidement, normal pour l'époque.

Pendant toutes ces années, Léon Deneault a travaillé dans la « guenille », comme il se plaisait à le dire. Pour son père, Antoine, qui a tenu différentes merceries pour hommes, et deux ans chez Sauvé Frères. Il aimait la musique, jouait du violon. Le lendemain de sa mort, l'instrument a disparu. Certainement pour éponger quelques dettes.

À sept heures quarante-cinq, en ce lundi 10 juillet, le cercueil quitte la rue Boyer. Parents et amis suivent à pied le corbillard jusqu'à l'église Notre-Dame-du-Très-Saint-Sacrement. Les funérailles sont brèves. Anna et ses enfants occupent les premiers bancs, formant un clan uni. Jean-Marcel tient le bras de sa mère. Anna sait qu'elle n'aura pas à quémander chez « les mères nécessiteuses », organisme de charité qui aide les veuves dans le besoin.

Pauline assiste à la mort de son enfance. Depuis quelques mois, elle a pris la place de son père dans le lit d'Anna qui ne peut dormir seule.

Désormais, elle mènera une vie de garçon. C'est le rôle qu'elle s'est attribué.

5

Bingo!

Pourtant, Pauline participait depuis longtemps à la vie des garçons Deneault, que les familiers appelaient « les p'tits gars ». Ses frères ne jouissaient d'aucun privilège. Elle partageait leurs jeux et leurs intérêts. Elle se chamaillait quand il le fallait, défendait ses opinions.

Par contre, elle a profité du fait qu'elle était une fille. Si son père se montrait sévère vis-à-vis de ses fils, il fermait les yeux devant les écarts de sa Pauline. Souvent Léon lui défendait de sortir, jugeant que même les soirées de bingo qui se tenaient au centre paroissial se terminaient trop tard. Ma future mère faisait mine d'obéir. Elle allait même se coucher plus tôt que d'habitude... pour mieux se sauver par la fenêtre.

Passionnée du jeu, partout où une foire installe ses tréteaux, elle s'amène, excitée. Je n'ai besoin d'aucun effort pour l'imaginer à une soirée de bingo, plusieurs cartes devant elle, aux aguets.

— B 7, dit le « calleur ». Alfred Bessette, le frère André. B 7.

L'œil en feu, Pauline pose ses jetons sur les petites cases. Le meneur de jeu multiplie les calembours pour permettre au public de suivre le rythme.

— G 57. J'ai celui-là ou je l'ai pas. G 57.

Les nerfs à vif, Pauline tremble.

— I 20. I'vint nous voir, un jour. I 20.

27

— Bingo !

Pauline crie. Pauline gagne.

— Toujours elle.

— Elle est née un 7 avril, *Lucky Seven* !

— Elle a dû mettre le pied dans de la crotte de chien en s'en venant !

— Non, elle a un fer à cheval dans le...

Elle revenait à la maison avec un cendrier sur pied, une mauvaise peinture encadrée.

En de rares occasions, elle est rentrée bredouille. Alors, telle une chatte déchue, elle se glissait par la fenêtre de la chambre des p'tits gars et regagnait la sienne sans se montrer.

Que pouvait-elle faire quand elle gagnait ? Comment dissimuler une grosse lampe de l'époque, surmontée d'un abat-jour extravagant ?

Elle entrait par la porte. Au risque de se faire réprimander. Par orgueil, elle aurait refusé de cacher son butin. Elle était victorieuse et voulait qu'on le sache. On ne dispute pas les vainqueurs.

Après la disparition de son père, elle vendait les lampes de ses gains, obtenant jusqu'à deux dollars pour un morceau de choix. Cela faisait de l'argent pour la famille.

Que ce soit avant ou après la mort de Léon, elle a préféré le jeu à l'ennui scolaire. À l'ennui tout court.

6

Voyage au royaume d'Ahuntsic

1932... 1933... 1935...

Une petite fille aux cheveux raides écume les rues du plateau Mont-Royal. Elle connaît les commerçants, leurs marchandises, les bouts de ruelle, les cours mal entretenues, les enfants qui y jouent, les matous et les gens à qui ils appartiennent. Pauline Deneault sait tout. Des rues Papineau à Saint-Denis, du riche boulevard Saint-Joseph jusqu'au parc La Fontaine, le quartier n'a pas de secrets pour elle. Le moindre badaud pourrait identifier cette fille maigre, aux yeux noirs perçants. Elle court, se presse :

— On dirait qu'elle cherche quelque chose, évalue le boucher Royal qui ne comprend pas qu'on puisse s'énerver autant.

La fillette grouille pour se sentir utile, pour calmer ses inquiétudes. À l'époque grise de son enfance, aucune certitude ne résiste longtemps. C'est la Crise, celle qui découle du krach économique. Et si les enfants en ignorent, comme la plupart des parents d'ailleurs, les dédales chiffrés et leurs causes, ils en subissent les conséquences. Il faut user ses vêtements jusqu'à la corde, compter les cents, ne rien gaspiller. Ma future mère ne peut pas s'arrêter. Elle s'imagine que les malheurs avalent ceux qui restent immobiles. Pauline, c'est la bougeotte. Les rues animées font partie de son monde. Elle a six ou neuf ans. Elle est citadine dans l'âme.

Elle se permet des évasions. Non pas pour se reposer, pour repousser les clôtures, pour élargir son univers. Et le bout de ses horizons s'appelle Ahuntsic, un ancien village qui se transforme lentement en quartier, sans perdre ses airs de campagne. De grands champs, que les propriétaires ont remis aux mains de la Ville pour ne pas payer de taxes, pleins de fleurs sauvages, de foin, de chardons, d'arbrisseaux et d'herbe à poux, de roches qui se prennent à l'occasion pour des rochers. Des rues perdues, parsemées de quelques maisons. De rares écoles, des églises paroissiales, des magasins clairsemés, la rivière des Prairies au nord, un monde en mutation qui attend l'urbanité promise, sans impatience.

Pauline a peur des araignées, des couleuvres, des crapauds, des guêpes, des bourdons, des vers de terre. Une fille de la ville, une vraie. La campagne, pour elle, n'offre rien de vivifiant. En tout cas, pas la nature. C'est loin de tout et ça porte des odeurs de fumier. Elle regarde le moindre animal de travers, avec un certain dédain. Surtout quand il ne sert à rien. Comment un chat peut-il se délecter d'un mulot? Les oiseaux seraient acceptables. Leur chant, leur vol et leurs couleurs, ça va. Mais ils font des crottes. Pareil pour les chiens mal élevés. Les animaux sont synonymes de maladies, de bestioles indésirables, de poux. Elle préfère les poulets rôtis ou sous forme de hot chicken à la sauce brune, les dindes de Noël dans une rôtissoire et les bœufs quand ils deviennent enfin des steaks. Les cochons? Le jambon vient-il vraiment de cet animal qui se vautre dans la boue en grognant? Elle n'en est pas certaine.

Pour elle, la nature ne s'avère intéressante que si on la contrôle. La transformation des champs de maïs en domaines résidentiels, avec un centre commercial comme une cerise sur le sundae, lui semblera la preuve ultime que la deuxième moitié du XXe siècle a accompli quelque progrès.

À sept ans, avec une débrouillardise peu commune, elle monte à bord du tramway Millen, le plus long trajet de la ville, et se rend jusqu'au bout de la ligne, dans cette presque campagne. Ahuntsic. C'est là qu'elle a vécu l'autre versant de son enfance, probablement les moments les plus fous de sa vie d'espiègle.

Les parents d'Anna, Albert Laurent, maître plâtrier, et Rose, sa femme, étaient ses parrain et marraine. Ils ont passé leur vie, rue Berri, dans cette maison que le grand-père avait construite. Ils ne sont jamais venus à la ville, la ville s'est rendue jusqu'à eux. Progressivement.

Chez eux, avec son intelligence féroce et sa vivacité grouillante, Pauline essouffle sa grand-mère. Albert, en riant, la surnomme «la petite bougresse». Ces visites sont bizarres. On pourrait imaginer que cette enfant se rend là pour se faire garder. C'est pourtant elle qui anime la maisonnée en entraînant l'essaim de ses tantes qui ne savent plus si elles doivent participer à ses gamineries ou en être les témoins. En débarquant, Pauline sème la pagaille dans cette maison où la lenteur s'incruste et où se développe un assortiment de vieilles filles.

Les tantes de Pauline se ressemblent et se suivent à trois ou quatre ans d'intervalle. Lorsque Pauline amorce ses visites régulières, Anna, sa mère, l'aînée de la famille, est déjà mariée depuis une dizaine d'années. Georgette, la deuxième, la dure, est une couturière hors pair au caractère de chien. Elle se mariera, mettra un garçon au monde et se séparera. Une excursion clin d'œil dans la vie de couple. On ne parlera plus de son mari. Sujet tabou. « Un assez bel homme, nous a confié ma mère, mais orgueilleux comme un paon. Et infidèle. Un coureur. » Depuis, Georgette mène une existence de célibataire frustrée. Les autres filles ont accepté leur sort. À n'importe quelle époque de leur existence, elles sont demeurées les mêmes.

Claudine, la naïve qui se cachait le visage dans les mains pour étouffer ses fous rires, restera toute sa vie à la maison. Germaine, bon pain, deviendra secrétaire. Enfin, Violaine, née la même année que ma mère, dépensera le plus clair de son énergie à regarder le bout de ses souliers. Adulte, elle travaillera pour une compagnie de tabac et fumera en fermant les yeux et en rejetant la fumée le plus loin possible devant elle, comme si elle détestait la cigarette.

Dans un tel vivier, Pauline devient meneuse de jeux, ce qui convient à son caractère. Sur les balançoires, c'est elle qui monte le plus haut. S'il faut se lancer dans le vide, elle atterrit le plus loin. À la cachette, elle déniche les meilleurs coins et peut s'y tapir, l'oreille tendue et le souffle retenu, jusqu'à ce que ses tantes abandonnent leur recherche. Avec un yoyo, elle réalise les tours les plus difficiles. À la corde à sauter, elle déploie une résistance impressionnante. Au bolo, elle est imbattable. La maison doit se sentir vide et la regretter quand elle reprend le tramway Millen vers l'avenue du Mont-Royal.

Chez les Laurent, en devenant le centre d'intérêt, Pauline devait ressentir un plaisir identique à celui qui me marquera lorsque, vingt ans plus tard, je passerai de longues journées chez ma grand-mère. Il existe peut-être des lieux, à l'extérieur des places publiques, où on éprouve l'envie d'être le roi.

Jusqu'à la mort de ses grands-parents, au début des années 1960, nous avons dû passer l'après-midi et la soirée du jour de l'An, là. Anna et Marie y étaient, elles aussi.

Dès notre arrivée, il fallait voir les tantes de ma mère. Elles s'illuminaient. Elles ne quittaient pas Pauline des yeux, attendant ses bons mots. Elles s'imaginaient peut-être que cette mère de trois enfants allait faire une espièglerie.

Mimi, Pierrot et moi avions l'impression de pénétrer dans un monde vieux, immobile. Même l'aspirateur, dissimulé derrière la porte d'une chambre, ressemblait à un fantôme.

Ce n'est pas pour rien que les p'tits gars se défilaient. Ils se trouvaient d'autres occupations. Mon père, lui, faisait du taxi. Il racontait que le jour de l'An était une bonne journée. Particulièrement en fin d'après-midi.

Malgré l'ennui qui nous ensevelissait, Pauline trônait. Elle occupait le milieu de la place, le centre de la conversation. Elle aurait proposé à ses tantes de jouer à la cachette qu'elles auraient accepté. Elles auraient été excitées à l'idée de disparaître dans un endroit d'où Pauline était sortie, autrefois, heureuse de les avoir fait poireauter pendant des heures.

Pauline Deneault caressait un rêve : vivre au royaume d'Ahuntsic.

7

Le fou aux Rosaires

Parmi les petits emplois qu'a dénichés Pauline, celui de serveuse au restaurant du parc La Fontaine l'emballait. Ce grand espace de verdure, qui était auparavant une ferme plantureuse au cœur de la ville, s'impose comme un centre de rassemblement. Les gens du Plateau y vivent des heures de loisirs magnifiques. Ils s'y rendent également pour participer à des manifestations importantes. Les fanfares, avec tambours et trompettes, y produisent leurs numéros. Les défilés de la Saint-Jean-Baptiste se terminent invariablement là. L'été, sur le lac, garçons et filles se promènent en canots; les plus vieux préfèrent les balades en gondoles. L'hiver, on patine sur l'étang gelé. Avec ses arbres, ses belles pelouses, ses nombreuses allées et ses bancs publics, c'est l'endroit privilégié pour les rencontres, le haut lieu des amours.

Ma mère, qui désirait gagner de l'argent, a découvert que pour qui veut de l'ouvrage, le parc La Fontaine est l'endroit idéal. La municipalité offre à ses employés un salaire aussi convenable que n'importe quel patron. Il y a plus : en se démenant pour travailler aux heures de grandes fréquentations, on peut soutirer des pourboires intéressants. Ces gains supplémentaires ne laissent pas Pauline indifférente.

À la mi-juin 1941, elle travaille derrière son comptoir lors du spectacle soulignant le premier emprunt de la Victoire.

Dans le but de démontrer la cruauté des Allemands et d'inviter le bon peuple à se procurer des bons de la Victoire, le clou de la soirée est le bombardement d'un couvent miniature. Le journal *La Presse* du lendemain note à ce propos :

« Ce tableau dramatique illustrait les horreurs qui se déroulent chaque jour et chaque nuit dans les villes et les villages d'Angleterre. Cette scène a créé une profonde impression. »

Détruire un lieu du culte bouscule la sensibilité des gens et les incite à ouvrir leurs goussets.

L'époque est épinglée de crucifix, barbouillée de messes, de vêpres, d'enfants de chœur, de soutanes. Même l'Histoire du Canada, la blanche, française et catholique d'alors, portait ses sacrifices et ses miracles, les mouches à feu pour allumer la lampe du sanctuaire et ses Saints Martyrs torturés par les Iroquois. L'époque est rongée de punitions. Dans le livre de lecture, une petite fille a avalé de l'eau en se gargarisant et ne peut pas faire sa première communion.

L'époque accepte sa misère, ses petits pains. Ma mère, elle, se bat. Se débat. Dieu a droit à ses rituels, la vie reste une bataille.

Dans les années 1950, quand je jouais avec des amis dans la ruelle, ils étaient presque tous appelés, à dix-neuf heures, pour réciter le chapelet en famille avec le cardinal, sur les ondes de CKAC. Pas moi. Malgré l'époque, la piété n'étouffait pas ma mère.

Chez Pauline, la religion a une envergure sociale. Elle se plie aux sacrements, à l'obligation de faire maigre, le vendredi, à la messe du dimanche, bien qu'elle abandonnera cette pratique lorsque je serai en cinquième année. Le reste lui semble superflu.

Elle plonge dans un jeu pieux lorsqu'elle a égaré quelque chose. Elle implore, à la blague :

— Saint Antoine de Padoue, grand nez fourré partout, faites que je retrouve mes clés.

Et elle met la main sur l'objet disparu. Le grand nez de saint Antoine a fait son boulot.

Ma grand-mère avait également ses croyances. Pas plus que ma mère elle n'exigeait de prouesses pieuses. Pas des bigotes !

J'ai vu des curés réciter des bénédicités qui n'en finissaient plus. Julien, devenu prêtre, était plus discret. Un petit signe de croix, quelques mots pour lui-même, et il entamait son repas.

Je me suis demandé si le souvenir du fou aux Rosaires n'avait pas endigué les manifestations de ferveur excessive.

Il faut revenir aux Laurent, la famille d'Anna.

Parmi les filles, il y avait eu un garçon, Lionel. Un autre sujet tabou. Dans les histoires de ma mère, sa vie se résumait à son travail de laitier.

— Il venait d'avoir ce travail, nous racontait Pauline, lorsque son cheval a pris l'épouvante alors qu'il montait dans la voiture.

Ma mère a-t-elle inventé un jeune voyou qui a fait sauter un pétard entre les pattes du cheval ? Lionel Laurent était tombé et s'était fracturé le crâne contre le trottoir.

— Il est devenu fou.

Pendant des années, le récit de Pauline s'est arrêté là. Devenir fou voulait tout dire. Plus tard, j'ai su la suite.

L'oncle Lionel a fini par s'en remettre. Physiquement, du moins. Il a recouvré l'usage de ses fonctions vitales, il marchait seul, restait propre, avait l'apparence d'un jeune homme normal. Dans sa tête, des anges passaient, des saints se chamaillaient. Un matin, il s'est réveillé avec l'idée bien arrêtée que son accident était un signe, qu'il vivait sur terre pour accomplir une mission.

Il s'est mis à arpenter les trottoirs, un chapelet à la main. Il aurait pu passer pour un dévot à peine plus extravagant que les autres, voire s'intégrer à une quelconque communauté religieuse. Il a tenté le coup, les frères des Écoles chrétiennes se sont méfiés. La piété est de bon ton, le délire plus dangereux. Et c'était là le problème existentiel de l'oncle Lionel. Il délirait.

Il empruntait le tramway Millen, se rendait rue Saint-Jacques où un petit magasin d'articles sacerdotaux avait pignon sur rue. Bon client, il se procurait quantité de chapelets. De retour à Ahuntsic, il incitait tous les gens qu'il rencontrait au cours de ses promenades à réciter un rosaire avec lui. Quand il constatait que l'invitation n'obtenait pas le succès désiré, il devenait agressif. On n'échapperait pas à ses prières aussi facilement.

Les hommes faisaient un détour pour l'éviter, les femmes le craignaient comme la peste et il terrifiait les enfants.

— Mystères douloureux! Mystères joyeux! Mystères glorieux! Jésus au jardin des Oliviers, Jésus sort du tombeau! Je vous salue, Marie, pleine de grâce, le Seigneur est avec vous, vous êtes bénie entre toutes les femmes et Jésus, le fruit de vos entrailles, est béni. Répondez!

Sa colère quand, paniquée, sa proie tentait de s'enfuir. Il y a eu des plaintes. Ses parents n'ont pas eu d'autres solutions que de le faire enfermer à Saint-Jean-de-Dieu.

Longtemps après, Albert, le grand-père de Pauline, a relaté l'événement à mon père, un soir où ils discutaient entre hommes. En apprenant que le secret avait été éventé, ma mère a sommé Louis de ne jamais raconter ce malheur à qui que ce soit.

— Pourquoi? insistait mon père. Il n'y a pas de honte à avoir eu un accident.

— Parce qu'il faut pas en parler.

Ma mère avait ses yeux qui ne supportaient aucune réplique. Mon père s'est tu.

Chez les Deneault, le nom de l'oncle Lionel était une tache; son sort, une honte. Si l'on craignait la mort, on se méfiait davantage de la folie. Sa mésaventure était un secret de famille, une espèce de mise en garde contre les manifestations religieuses excessives.

Après leur mariage, mes oncles n'ont pas voulu révéler cet épisode maudit à leur épouse. Ils s'étaient passé le mot pour ne pas ébruiter ce déshonneur. S'il avait fallu que l'un d'entre eux ait eu un enfant déficient, sa femme aurait pu le tenir responsable, prétextant qu'il y avait un précédent dans la famille.

8

Jean-Marcel et les drapeaux

Une tasse de café à la main, Anna se déplace dans la nuit. Elle a l'habitude de se lever tôt et de travailler à la cuisine sans réveiller la maisonnée.

En 1942, les parlementaires du Canada votent pour la conscription. Des contingents de combattants conscrits seront envoyés de l'autre côté de l'Atlantique. L'âge d'enrôlement des soldats est abaissé. Jean-Marcel, bien qu'il soit en pratique soutien de famille, est un jeune homme de dix-neuf ans, célibataire.

Un matin de juin, la lettre arrive, aussi claire que lourde. Le citoyen Jean-Marcel Deneault est convoqué au bureau de l'armée pour subir un examen médical. Ce garçon a toujours prôné une philosophie pacifiste, prudente : « La meilleure façon de ne pas recevoir des claques sur le nez, c'est d'éviter les bagarres. » Jusque-là, il a réussi à mener sa vie sans se faire amocher. Sur un champ de bataille, comment peut-on éviter les coups ? Les journaux rapportent des horreurs. Entre les faits d'armes glorieux, des combattants malchanceux sont déchiquetés. Certains sont rapatriés, un bras ou une jambe en moins. Jean-Marcel a peur.

La veille de son examen, il ne dort pas de la nuit. Dans son lit, il est en sueur. D'heure en heure, Anna lui apporte une tasse de café. Il en ingurgite une quantité phénoménale. C'est la recette pour que son cœur s'emballe. Il souhaite confondre les médecins.

41

Pendant qu'il boit, Anna demeure auprès de lui, en tête à tête, inquiète. Elle n'imagine pas son aîné, un calot sur la tête et un fusil à la main, marcher au pas. Elle ne peut se faire à l'idée qu'il tire du fusil, qu'il rampe sous le tir adverse, qu'il s'abrite dans une tranchée boueuse ou que son corps soit blessé par une balle, détruit par un obus, qu'il soit piétiné sur une terre étrangère.

Et puis, il y a dans cette maison un autre combat. Jean-Marcel est nécessaire à la survie familiale. La peur des Allemands, des bombes, des grenades, du sang est terrible, mais ce qui afflige le jeune homme, c'est la perspective d'abandonner les siens à leur sort. Comment combattre un ennemi qui, malgré ce que rapportent les journaux et la radio, est bien loin, alors que leur misère est palpable ? La pauvreté est un loup qui rôde et qu'il s'applique à éloigner au jour le jour.

Anna retourne à la cuisine. Elle ne dormira pas. Elle n'a pas besoin de café pour demeurer éveillée.

Le lendemain, l'œil cerné et les jambes flageolantes, Jean-Marcel Deneault fait son devoir. Il se rend aux bureaux militaires, passe l'examen médical et est immédiatement réformé.

Son cœur n'y est pour rien. Il a les pieds plats.

9

Photos

Dans une boîte qui devrait servir à ranger des dossiers, je conserve les choses personnelles de ma mère. Des papiers d'impôt et des feuilles remplies de chiffres, un livre de bébé, un *scrapbook* et des photos. Des centaines de photos éparses. Dans une grosse enveloppe, j'ai mis les négatifs empoussiérés, abîmés. Je les conserve pour une raison inconnue. Est-ce qu'un jour je déciderai d'en faire tirer des photos ? Je ne crois pas. Les photos déjà imprimées me suffisent.

À partir de 1942, elles se multiplient. Pauline délaisse quelques-uns de ses nombreux petits emplois pour travailler chez Pierre Des Marais. Située au 4235, rue Saint-Denis, cette imprimerie fort connue se spécialise dans la confection et l'impression de documents commerciaux, les cartes d'affaires et les papiers de ce type. Autre étape de la vraie vie. Elle touche un salaire hebdomadaire dont elle donne une importante partie à Anna. Ça s'appelle payer pension. Elle conserve son emploi au kiosque du parc La Fontaine pour les soirs d'été, les fins de semaine de beau temps. Elle se fait enlever les dents du haut qui sont gâtées et la font souffrir. Elle porte la prothèse qu'elle conservera jusqu'à sa mort. Elle s'habitue très vite aux fausses dents. Le dentier de l'époque de la guerre est une espèce d'initiation à la vie adulte, un baume contre la douleur. Une certitude : l'assurance de ne pas changer.

Elle affiche son nouveau sourire sur les photos oblongues nous présentant les membres de la ligue de bowling dont elle fait partie. Elle est une des plus grandes femmes du groupe. Elle porte une fleur dans les cheveux. C'est une quilleuse de premier plan. Il suffit que les matchs soient serrés pour qu'elle devienne meilleure. Elle adore la compétition. Ses longs bras lancent la boule qu'elle dirige presque de son regard noir. Les quilles tombent en fracas. Elle ne maquille jamais sa joie de gagner.

Pauline achète un manteau à la mode, un appareil photo. Un Brownie. Une petite boîte noire avec une poignée sur le dessus. Enfant, je jouerai beaucoup avec cet appareil rudimentaire, à l'époque où Pauline aura trop à faire pour s'intéresser à la photographie. Pendant les années de guerre, les années de sa jeunesse, elle utilisait abondamment son Brownie. Elle aimait se faire photographier.

Quand elle se paie une journée de congé, Pauline voit des amies. Elles organisent des pique-niques. À part une demi-journée à l'île Sainte-Hélène, ces filles ne s'éloignent pas du quartier. En jupe et en bas blancs, elles prennent des poses devant le monument de Dollard des Ormeaux, au parc La Fontaine, devant l'imprimerie où elles travaillent. L'une d'entre elles se démarque aisément. Elle s'appelle Cécile Lefebvre. À l'automne de 1944, elle entrera au couvent. Pauline ne la reverra plus jamais. Plus tard, ma mère, fataliste, justifiera la chose ainsi :

— À son départ, je lui ai offert des ciseaux. Elle n'a pas pensé de me donner un sou en échange.

Chaque fois qu'elle rapportait cette anecdote, je la questionnais :

— Pourquoi un sou ?

— Parce que des ciseaux ou un couteau, ça coupe l'amitié.

J'attendais une explication plus précise. En vain. Ma mère ne s'étendait pas beaucoup sur les événements qui l'avaient peinée. Elle résumait ses sentiments ou les élaguait par une phrase, un cliché, signifiant que son opinion ou son attitude était définitive. Il ne servait à rien de poursuivre. On pouvait donc déposer une amitié dans une boîte à chaussures, l'entreposer dans le haut d'une garde-robe, laisser s'accumuler la poussière sur son souvenir jauni. Ma mère enfermait ses sentiments, étouffait sa mémoire. Ainsi cet amour, que j'ai la tentation d'appeler son amour indien, qui a dû avoir une certaine importance.

Que ce soit lorsqu'elle travaille au parc La Fontaine ou quand elle se contente de le fréquenter avec ses amies, Pauline établit des connivences avec les policiers qui surveillent, montés sur des chevaux. En plus des photos qui la montrent, souriante, derrière son comptoir — la jeune fille parfaite pour servir le public —, d'autres photos, plus nombreuses, la présentent en compagnie de différents agents. Sa main tient les guides du cheval. Ce n'était pas par amour des chevaux qu'elle agissait ainsi. Elle devait réprimer une peur bleue que la bête fasse un mouvement brusque. Mais le policier la protégeait. Et l'homme n'était certainement pas indifférent à cette fille. Il ignorait, bien sûr, que cette gentille Pauline n'était pas encore menstruée. Elle ne le sera pas avant l'âge de dix-huit ans. Jusqu'à cet âge aussi, un seul de ses seins se développera. Pauline peut tricher. Elle est très grande, elle paraît plus vieille que ses seize ou dix-sept ans. Elle a des fossettes dans les joues.

Parmi les policiers qui tournent autour de son kiosque, il y a ce jeune homme différent des autres. Il est charpenté mais plus svelte. Il s'attarde, converse, l'invite au cinéma. Ce Paul Legris est son premier amoureux. Il a les cheveux et les yeux aussi noirs que les siens. Sa peau cuivrée, ses yeux légèrement bridés et ses pommettes saillantes révèlent ses origines amérindiennes. Il poursuit des études de droit, veut devenir avocat. Un jour, il amène Pauline rencontrer les membres de sa famille. Pour ma mère, c'est un choc. Se peut-il que, si près de Montréal, il existe des petits villages de rien du tout où les gens possèdent encore des chevaux ?

L'odeur de la nourriture, lors du repas, lui tombe sur le cœur. Étourdie, Pauline ne peut rien avaler. Jamais elle ne pourra identifier ce qu'elle a refusé de manger, ce jour-là.

En rentrant à la maison, elle recouvre son appétit. En grignotant le morceau de poulet qu'Anna lui a gardé, comme si elle avait deviné, elle résume son expédition. Elle évoque les cabanes dans lesquelles les frères de Paul vivent à plusieurs. C'est folklorique à souhait. Mieux que personne, ma mère savait grossir des banalités et banaliser des sentiments.

— Lui, c'est le plus beau, celui qui a le moins l'air indien.

Il y a une dizaine de photos de ce jour mémorable. Combien de temps ces fréquentations ont-elles duré ? Elle n'en a pas soufflé mot. Sur les portraits, cet amoureux revient régulièrement de 1942 à octobre 1944. Il lui a offert son bâton de police, une courte matraque en bois dur verni. Pauline racontait que si, un jour, elle devait se défendre… Elle n'a jamais eu à s'en servir. Moi, je le garde, telle la relique d'un amour effrité.

Pauline photographie ses frères : Jean-Marcel, Jacques et Guy en chemise blanche devant la fenêtre du 4432, rue Boyer, Julien et Hubert Lachapelle, son tuteur, appuyés contre l'érable devant la maison, sa petite sœur Marie qui joue au bolo, rarement Anna. Ma grand-mère déteste poser. Il suffit qu'un appareil la vise pour qu'elle lève la main et se protège les yeux en détournant la tête. Comme si elle craignait d'être aveuglée par le soleil. Elle cède de mauvaise grâce aux caprices des souvenirs lors des réunions de famille ou des fêtes de Noël. On la sent mal à l'aise. Sa gêne empreint chaque cliché de quelque chose d'emprunté. Même sur ses dernières photos, elle a l'air d'une première communiante qui subit la cérémonie. Ce ne sont pas les meilleurs souvenirs que je conserve d'elle. Je n'y reconnais pas sa chaleur. Il ne reste que son devoir de participer, alors qu'elle préférerait s'effacer, se livrer à une occupation plus éphémère.

Des photos, c'est le passé. Nous ne sommes déjà plus là. Un album est ainsi composé. Le transformer en présent demande de la mémoire, le besoin de piéger des émotions exactes et, surtout, le sens de la tricherie. Les photos familiales sont trompeuses. On s'installe, on met en place, on s'arrête, on sourit. Par contre, le décor, qui occupe l'espace, ne se trafique pas. Ces meubles qui s'ajoutent, remplissent le logement, racontent. Ils sont, à l'arrière-plan, des preuves sensibles que les plus vieux rapportent de l'argent.

Jean-Marcel aurait aimé faire carrière dans les affaires. À la mort de son père, il était au cours commercial. Il devient vendeur dans un magasin de chaussures de l'avenue du Mont-Royal. Il suit des cours du soir et obtiendra presque son diplôme de comptable.

Il se rend compte que, dans le commerce, on est toujours à la merci des humeurs du patron. Il est préférable de tisser des liens plus hauts. C'est un jeune homme persévérant. Il apprend l'anglais, franchit les étapes une à une. Il n'a rien du bagarreur physique. Il possède plutôt le charme du sérieux. Un peu politicien. L'homme qui mérite confiance. Il obtient un poste de représentant en chaussures pour femmes d'une manufacture de la rue Ontario, Aird and Son Boots & Shoes. Humblement, il fait son chemin. Son père travaillait dans la « guenille », lui il dira qu'il fait carrière dans la « bottine ».

Jacques, les yeux rougis, combat la fumée de son éternelle cigarette, dont il mordille le filtre. Il devient coupeur chez un fourreur juif du centre-ville. Travail minutieux. Des lames de rasoir au bout des doigts, il plie son corps maigre sur la table où reposent les peaux de visons, tendres, douces, bonnes à caresser. Il est l'orfèvre du poil, il fabrique des manteaux d'orgueil.

Guy reste le malchanceux qu'Anna couvera longtemps. Très tôt, j'apprendrai qu'il ne faut jamais faire allusion à son œil. Il est pourtant le plus rigolo de tous mes oncles, celui qui ne craint pas de raconter des histoires de *shop*. Parce que c'est dans l'atelier, chez Aird and Son, où Jean-Marcel lui a déniché un emploi, qu'il travaille. Tous les matins, il se lève tôt, rejoint sa machine et le défilé incessant des souliers à fabriquer. Dans le bruit et dans l'odeur du cuir et de la colle, des plaques de corne lui envahissent les mains. La corne qui fait mal et qui, en même temps, protège. Enfant, j'ai eu le sentiment que ses mains calleuses, au bout de ses longs bras maigres, ne lui appartenaient pas.

Bientôt, les seuls qui ne rapportent pas, ce sont Julien et Marie.

Julien, l'enfant gâté, est doué pour tout ce qu'il touche. L'horticulture, le travail du bois, les sports. Il a tous les talents et ne manque aucune occasion de les mettre en valeur. Si on lui offre une paire de skis, il cherche une montagne. Si on lui tend une palette de ping-pong, il évalue les adversaires potentiels. Il développera une manie, celle d'utiliser le mot « champion » à toutes les sauces. C'est sa manière de se mesurer à l'existence : en champion. Avec l'aide d'Hubert Lachapelle, il poursuit sans difficulté son cours classique. Il entreprendra par la suite ses études théologiques au Grand Séminaire de Montréal.

Les autres membres du clan n'éprouvent aucune jalousie à son endroit. Je me trompe peut-être, mais j'ai l'impression qu'en travaillant pendant que Julien s'instruit et devient prêtre, Jean-Marcel, Pauline, Jacques et Guy lui confient le côté spirituel de la vie.

Pour Marie, le bébé de la famille, l'histoire est différente.

10

Les brûlures de Marie

Lorsqu'un enfant paraît dans la famille Deneault, Anna lui apprend qu'il existe deux sujets à éviter : l'œil de Guy et les brûlures de Marie.

Le vendredi 14 septembre 1945, l'employé d'une quincaillerie de l'avenue du Mont-Royal transvide du naphte dans un entrepôt de la rue Mentana. Une étincelle déclenche un début d'incendie. L'homme envoie son fils activer l'alarme des pompiers pendant qu'il tente d'éteindre le feu. Il est midi quarante-cinq. Les enfants retournent à l'école. Attirés par l'épaisse fumée, ils s'attroupent. Marie est là. Elle a emprunté le couloir qui, de la cour arrière du logement de la rue Boyer, conduit à la rue Mentana. Les pompiers s'amènent, tentent de se frayer un passage. Ils ignorent qu'à l'intérieur les flammes atteignent les tonneaux remplis de naphte. Soudain une violente explosion éclate. Les flammes jaillissent de la bâtisse et se répandent sur les sapeurs et sur les témoins.

Des hommes, des femmes et, surtout, des enfants se précipitent en tous sens, leurs vêtements en feu. Des passants tentent de les aider en les déshabillant au risque de s'infliger de sérieuses blessures aux mains. Des fenêtres avoisinantes, les gens lancent des draps et des couvertures pour que les victimes s'y enroulent.

Parmi la foule hurlante, paniquée, Marie devient une torche. Elle est sauvée *in extremis* par le vendeur de produits Familex qui, n'écoutant que son courage, a l'idée de l'envelopper de son imperméable. Pendant plusieurs jours, elle reposera entre la vie et la mort à l'hôpital Sainte-Justine. Bilan de la catastrophe : dix morts et près d'une cinquantaine de blessés.

Ce qui m'étonne, après toutes ces années, c'est de découvrir la photo de Marie en pleine page d'un exemplaire du *Montréal-Matin*. Au cœur du drame, un membre de la famille a offert une photo de Marie en première communiante au journaliste qui couvrait la tragédie. Je ne serais pas surpris que ce soit ma mère qui ait agi ainsi. Dans les situations incontrôlables, elle prenait des décisions étonnantes. C'était peut-être sa façon de rester terre à terre, de garder contact avec la réalité.

Marie survivra, marquée par les brûlures, particulièrement aux joues et aux mains. Lorsqu'elle deviendra enseignante, c'est le premier sujet dont elle entretiendra ses élèves par crainte qu'ils inventent les scénarios les plus farfelus ou les plus monstrueux sur l'origine de ses cicatrices.

Combien de fois ai-je entendu le récit de ce drame ? Ma grand-mère me l'a raconté. Ma mère aussi.

Le vendeur Familex repassait fréquemment chez Anna. Ce héros pratiquait son métier : offrir de porte en porte du poivre, du sel, des épices, des ustensiles de cuisine, des produits utiles aux maîtresses de maison. Pendant des années, les jours où Anna me gardait et qu'il se présentait, j'étudiais son manteau à la dérobée. Je me demandais s'il s'agissait de celui dans lequel l'homme avait enveloppé ma tante. Sinon, l'autre, celui qui avait certainement été brûlé par les flammes, lui avait-il été remboursé par quelqu'un ?

Ma grand-mère l'encourageait en lui achetant du clou de girofle, de la cannelle, du poivre blanc. Quand j'avais un rhume de cerveau, elle mettait de ce poivre dans le creux de sa main et me le faisait respirer pour que j'éternue. De cette manière, Anna était certaine que je me vidais le nez. J'ai éprouvé de sérieuses difficultés à apprendre à me moucher. Ma grand-mère ne supportait pas un enfant qui renifle.

II

L'avenir

L'horrible accident de ma tante marque la fin d'une époque. Parallèlement à la guerre qui se termine, la famille a vécu ses propres batailles, celles de la classe laborieuse qui se bat dans l'immédiat.

Après cette série de catastrophes, le temps est venu d'enjamber le mauvais sort, de relever la tête et de redresser l'échine. Le monde va revivre. Les Deneault suivent le mouvement. Ils regardent l'avenir, s'y engagent résolument.

Parfois, je succombe à l'envie de prendre cette famille pour un personnage. Un personnage multiple mais unique avec ses humeurs, ses contradictions, son orgueil et sa voix. C'est une erreur. Cette famille n'est pas un personnage, elle est un esprit, plus fort que l'esprit d'équipe que l'on attribue aux sports. Peut-être grâce aux liens du sang, l'esprit est là, dans ce désir impénitent de surmonter la misère, de ne jamais se laisser avaler ou rabaisser par elle.

Je ne peux penser à cette famille sans qu'un mot ne surgisse dans mon récit. Défi ! C'était une famille de défi. Et collé à ce mot, il y a l'orgueil, qui dicte le comportement, les attitudes à adopter, les mots à prononcer selon les circonstances. L'orgueil qui vous procure même la force de vous tenir droit alors que vous seriez d'humeur à ramper, à vous décarcasser. Parce que vous êtes de cette famille, vous devez déployer cet acharnement, ce désir tenace d'être quelqu'un, d'atteindre le plateau d'une autre classe, qui n'a rien à voir avec les ambitions démesurées, politiques ou autres, ou les rêves insensés.

Pour cela, il ne faut pas trop se mettre en évidence, ne jamais prêter flanc aux attaques, éviter de se placer en situation de devoir faire des concessions. Se maintenir dans la masse des bons, sans en être le héros, sans en devenir le délinquant.

Chez eux, je peux identifier ce que j'aime, me dire qu'une bonne partie de ce que je sais, de ce qui m'a fait, vient d'eux.

Découvrir ce geste. Ma sœur Mimi avait des attitudes de ma mère. Combien de fois ai-je pu les confondre même si elles ne se ressemblaient pas ?

Retrouver l'espèce d'odeur, de chaleur, la paix de savoir que l'on fait partie du clan, que l'on est d'ici. La sécurité de vivre au ventre de cette famille étanche qui planifie votre avenir.

Et moi, je suis à réinventer celles qui m'ont fait. Je me les approprie en quelque sorte. Je remets au monde ma mère, Pauline Deneault, ma grand-mère, Anna. Elles n'ont jamais demandé à réexister.

La mémoire me donne un rôle, une conscience, une interprétation que je n'avais pas quand elles partageaient leur vie avec les autres et moi, à cette époque où je me fabriquais, sans le savoir, une manière d'être. J'ai le beau rôle, le plus mauvais aussi, celui d'un petit dieu égaré, noyé dans l'encre, aplati sur le papier. Le rapporteur qui n'admettra aucune réplique et qui, pourtant, doute.

12

Soir de sortie pour la blonde Lolo

Dès son mariage le 1ᵉʳ août 1922, Léon s'est installé avec
Anna au-dessus du logement d'Antoine Deneault, rue Beaudry. Antoine, le père de Léon, avait un autre fils et quatre
filles. D'un déménagement à l'autre, les deux familles ont
suivi un itinéraire commun. En 1946, sept ans après la mort
de Léon, son père, ses sœurs — son frère étant également
décédé — vivent tout près, rue Christophe-Colomb. Ce sont
d'autres Deneault, arborant le même orgueil, sans toutefois
posséder l'esprit de fusion des enfants d'Anna.

Ma future grand-mère ne sort de la maison que lorsqu'elle
y est obligée. Les visites familiales ne sont pas son lot. Elle
a tant à faire chez elle qu'elle ne fréquente pas beaucoup sa
belle-famille. Elle est timide, Anna, elle préfère ses chau-
drons et sa machine à coudre aux conversations de salon.

Parmi ses belles-sœurs, celle qui la visite le plus souvent,
c'est Lolo, la plus jeune, la plus grasse et la plus rebelle.

Lolo — Laurence de son vrai prénom que personne n'utilise — devient l'acolyte de Pauline. Elle est la tante de ma
mère bien qu'elle n'ait que cinq ans de plus qu'elle. Elles
sont des contraires absolus. Avec ses jambes en cure-dents,
ses hanches et sa poitrine absentes, Pauline représente la
maigreur. Lolo, de son côté, est plantureuse. Elle se maquille exagérément, a les cheveux teints blond platine à la
Jean Harlow. Elle redessine d'une mince ligne au crayon ses
sourcils épilés. Sur plusieurs photos, elle a l'allure d'une

prostituée sans complexes. En cette époque, la bonne société, dont font partie les autres membres de sa famille, se
pose d'épineuses questions : Doit-on se teindre les cheveux ?
Ça fait vulgaire, non ? Commun ? Et fumer ? Lolo fait fi des
questions et commentaires. Les cigarettes Export sans filtre,
qu'elle allume avec des briquets extravagants, sont marquées
sensuellement de traces de rouge à lèvres. Ses décolletés
mettent en valeur ses seins immenses. Elle est généreuse,
drôle et moqueuse.

Avec ma mère, elle fait le tour de la parenté les jours de
l'An. Avant de sonner chez des cousins, Lolo glisse à
l'oreille de Pauline :

— Tu as vu, le rideau a bougé. Ils nous attendaient. Ils
doivent dire : V'là Mutt and Jeff !

Elle rit en douce. D'habitude, son rire est un cri du cœur.
Lolo sait se tenir. Pas toujours, selon ses sœurs, mais elle se
moque des commentaires de ses aînées. Elle aime la vie.

Le soir, parfois même en semaine, Lolo sort. Elle fréquente
le théâtre Gaîté où Lili Saint-Cyr fait du strip-tease, les cabarets
de la rue Sainte-Catherine ou Saint-Laurent où règne la pègre,
le Café Saint-Michel où des Noires dansent presque nues.

Au petit matin, l'une de ses sœurs l'a vue arriver. Elle
était dans une Cadillac blanche, décapotable, conduite par
un Noir en complet. Scandale ! Si les voisins... Lolo se fiche
des voisins. Par contre, ses sœurs, avec leurs regards poin-
tus, leurs petites remarques insipides, la fatiguent. Céline,
mariée et déjà enceinte du premier de ses trois garçons, demeure encore chez son père. Elle se prend déjà pour une
mère supérieure. Marguerite, surnommée Lalouche, sourde
comme un pot, ne partira jamais. Sa spécialité : déployer un
arsenal de regards obliques et de moues boudeuses. Et Fer-
nande, une autre célibataire. Elle est toujours en compagnie
de sa grande amie, Mlle Hockaaert, une Belge qui tient une
pâtisserie, avenue du Mont-Royal. Comme les autres, elle a
son opinion sur la vie dévergondée de Lolo, la blonde, le
mouton noir. Et au-dessus de ces piaillements, Antoine

Deneault, son père et son patron — elle est vendeuse à sa mercerie —, brille par son silence.

Certains jours, Laurence n'en peut plus des mesquineries. Après son travail, c'est dans la minuscule salle de bains attenante à la cuisine du logement d'Anna qu'elle vient faire sa toilette.

Pendant qu'Anna effectue les dernières retouches à une robe chic qu'elle lui a confectionnée, Lolo boit un Coke, fume des cigarettes et raconte en détail un spectacle auquel elle a assisté. Elle rit de tout, elle s'amuse. Elle ne se plaint pas du harcèlement de ses sœurs, c'est un fait trop connu.

L'aguichante Lolo se lave, se parfume. Pauline la voit appliquer une forte quantité de poudre de talc entre ses jambes.

— Comme ça, je ne m'irrite pas les cuisses quand je danse.

Elle aime danser. Les boîtes de nuit devant lesquelles s'allument les néons en forme de verres de cocktail d'où sortent des bulles multicolores, le Casa Loma, Alys Robi, les musiques et les folies constituent le monde fascinant de Laurence Deneault.

Pauline jouit d'entendre ses confidences qui la scandalisent et l'intriguent à la fois. Lolo parle de tout ce que ma future mère ne fera jamais.

Par contre, Pauline et elle se rejoignent tout à fait dans le jeu. Elles sont toujours prêtes à brasser le paquet de cartes pour amorcer une petite partie de neuf ou de cœur. Elles adorent bluffer. Quand la blonde remporte la mise, son rire retentit.

Deux fumeuses, deux joueuses, la grasse et la maigre, Mutt and Jeff, un Coke à portée de la main et les cartes sur la table.

Lolo, une femme extraordinaire, aux immenses yeux marine, à la poitrine confortable où loge son cœur d'or.

Plus tard, c'est à Lolo et à elle seule que j'ai pensé en lisant *Boule-de-Suif*, la magnifique nouvelle de Guy de Maupassant. Pauline a eu une idole, Lolo.

13

Je suis né entre un as de carreau
et une dame de cœur

Pauline, la nerveuse, l'inquiète, possède la faculté d'imaginer des malheurs. La moindre anicroche devient prémonition et provoque ses cauchemars. Lorsqu'elle est témoin d'un accident, elle perd le contrôle d'elle-même. Si elle y est mêlée, elle a l'habitude de perdre connaissance. Si ce n'est pas le cas, elle est bouleversée.

Je suis né une semaine avant la date prévue parce qu'à l'angle de Mont-Royal et de Saint-Hubert, ma mère a vu une voiture renverser un petit garçon. De retour à la maison, Pauline est dans tous ses états, le son de la tête du gamin heurtant l'asphalte résonne dans son cerveau. Elle ressent les premières contractions.

La maison, c'est encore le 4432, rue Boyer. Pauline y loge toujours, même mariée, avec ses frères, sa sœur et Anna. Une série de petits incidents, dont certains, dans son vocabulaire, pourraient s'appeler des accidents, l'ont amenée à épouser Louis Lafontaine, mon père.

À l'automne de 1945, par l'entremise de Fabienne Lafontaine qui travaille avec elle à l'imprimerie Pierre Des Marais, elle rencontre Louis. Il conduit des autobus pour la Provincial Transport. Les fréquentations seront brèves. Si Louis se sent un étranger parmi les membres de cette famille, l'agneau au milieu de la meute, il aime cette louve.

Les noces se déroulent en septembre 1946. Une journée à l'envers. Il fait une chaleur torride. En se réveillant, le matin, Pauline découvre qu'elle est menstruée. Pendant toute la cérémonie, les nerfs à fleur de peau, elle craint de perdre connaissance. Par quel miracle tient-elle le coup?

Ils doivent écourter leur voyage de noces aux incontournables chutes du Niagara. Au désespoir de mon père, Pauline n'apprécie pas la chaleur suffocante de leur petite chambre d'amoureux. Son manque d'appétit anéantit la romance des soupers en tête-à-tête. Elle déteste le poulet qui, selon elle, goûte le poisson et le poisson qui, lui, sent le vieux. Rien à voir avec les plats mitonnés par Anna. Le pire : Pauline ne peut pas aller aux toilettes ailleurs que chez sa mère.

Louis accepte de vivre chez les Deneault. Julien est pensionnaire au Grand Séminaire, Marie prend la place de Pauline dans le lit d'Anna, une chambre se libère. Louis et sa femme l'occupent. En plus des raisons financières, les nombreux déplacements de mon futur père comptent dans la décision. Pauline a laissé son emploi, ce que toutes les filles font en se mariant, et n'a pas envie de s'ennuyer des journées entières, seule dans un logement. Je ne suis pas certain que la perspective de quitter sa mère — et toute la famille — ne l'ait pas apeurée.

Pauline devient enceinte. Elle reste à la maison avec Anna. Elle ne sait pas faire la cuisine, n'a aucune idée de la manière de s'occuper d'un enfant. Ce n'est pas grave, Anna a l'expérience des bébés.

Ainsi, le 25 juin 1947, ma mère se présente à l'hôpital Notre-Dame. Lolo l'accompagne.

— Fais-toi-z-en pas, Anna. Je te téléphone quand le bébé arrive.

Les contractions que Pauline croyait ressentir l'abandonnent peu à peu. Lolo et elle jouent aux cartes le reste de la journée et un bout de la nuit. Pauline ne peut pas fermer l'œil. Le lendemain, à midi, elles reprennent une petite partie de cœur. Les cartes rassurent ma mère qui, selon son habitude, espère le jeu parfait, celui dont elle se souviendra longtemps. Entre deux levées, les contractions reviennent, accélèrent leur rythme, leur force. L'incroyable rire de Lolo doit m'appeler, me souffler que la vie vaut la peine d'y entrer. Ma joueuse de mère admet qu'elle ne pourra pas terminer la partie. Elle en a une autre à disputer.

Et je nais.

Pauline souffre lors de l'accouchement, le médecin utilise les forceps pour me sortir de là. J'ai la tête étirée, le crâne semblable à un ballon de football.

À la pouponnière, Anna juge tous les autres bébés très beaux. Sauf moi… Louis est furieux. Par bonheur, ça ne durera pas. Ni la furie de mon père ni l'attitude d'Anna.

On me baptise Manuel Lafontaine. L'appareil photo de ma mère fonctionne encore. J'ai l'air heureux et gavé contre les seins de Lolo, ma porteuse, et sous le regard d'Anna, ma marraine.

14

L'ange Anna

Le premier mot que je prononce n'est pas maman, ni papa, mais :

— Anna ! Aannnnnnaaa !!!

C'est si facile. Et c'est bon, c'est un nom qui se goûte, une odeur, une atmosphère.

C'est mon bain, mon eau chaude, mon savon, la poudre sur mes fesses.

Je suis nu, sur la table de la cuisine. Des yeux, je cherche Anna, ma première grand-mère, moi, son premier petit-fils.

Elle devine mes peines, sa voix à mon oreille murmure une berceuse, souffle les mots que je désire entendre, des mots qui se mangent, se sucent, apaisent une colique, calment une peur.

Je nage entre les nuages. Le ciel est de la couleur des cheveux d'Anna, a la douceur de la peau d'Anna.

Je ne marcherai pas avant seize mois. À quoi bon risquer de tomber quand Anna me prend, me déplace ?

Elle me donne ses nuits. Je fais mes dents en mordant dans son épaule. Mon biberon est toujours à la température idéale, celle qu'Anna vérifie en versant quelques gouttes sur son poignet.

Je suis gros, je suis en santé. Je n'ai besoin de personne d'autre qu'Anna.

Pauline se laisse vivre un peu. Elle apprend. Sa mère est le plus mauvais professeur, elle devance constamment sa fille.

Autour d'Anna, la tribu est présente, tourne, se remplace. Un manège. Ils ont des voix, des regards, des grimaces, des sourires. Je suis le centre du monde, le noyau. Jean-Marcel, mon parrain, me présente son doigt. Je l'attrape dans ma menotte. Jacques emprunte une voix aiguë qui m'inquiète. Guy me toise de son bon œil, il se sent gauche. Marie, qui a douze ans, me trouve lourd. J'ai l'allure d'un bouddha. Et Julien passe en coup de vent. Il est déjà loin, le Grand Séminaire le transforme.

Pauline est aussi du groupe. Louis souffre, se sent dépossédé. Il travaille selon des horaires inhumains. Il apparaît, tel un étranger, pour tendre les bras à son fils à l'instant où, gavé de lait, de nourriture, d'affection, je tombe de sommeil.

Il se plaint d'être à contretemps. S'il en souffle un mot à sa femme, Pauline défend sa mère.

— Elle vient juste de l'endormir. Demain…

— Demain, elle va lui donner son biberon lorsque je vais partir.

— Pas si fort, chuchote ma mère, elle pourrait t'entendre.

Moi, sourd au monde, je m'endors, aux anges.

15

Scrapbook

Dans la boîte des choses récupérées, un livre de bébé. Bleu puisque c'était le mien. Déchiqueté, la couverture en similiplastique est en deux morceaux, déchirée aussi. Le molleton qui lui procurait une épaisseur en sort. Ma mère a dû laisser l'un d'entre nous s'amuser avec ce souvenir. Y tenait-elle ? La réponse est ambiguë. Elle n'accordait aucun soin aux rares documents qu'elle a jugé utile de conserver au fil de sa vie. Comme si, lors d'un déménagement, elle les avait jetés dans une boîte, pêle-mêle, et qu'elle n'avait jamais trouvé le temps de les remettre en ordre. Le livre de bébé contient en vrac des certificats de vaccination, l'empreinte de mon pied de nouveau-né et celle du pouce de Pauline, les bouclettes blondes des premiers cheveux qu'on m'a coupés, des renseignements. Un arbre généalogique sommaire, mon poids d'un mois à l'autre. Vingt-huit livres à un an. De page en page, des notes chiffrées : Bébé se développe et reconnaît son père à sept mois, sa mère à sept mois, gigote vigoureusement à quatre mois. Puis de nombreuses lignes sont vides. Tout s'arrête lorsque j'ai atteint sept mois. La vie a repris le dessus sur l'écriture. Ma mère venait d'apprendre qu'elle était de nouveau enceinte, ce qui signifiait le départ définitif de la ruche.

Pauline a éprouvé d'énormes difficultés à s'accorder avec son rôle de mère. Du moins, avec celui de femme au foyer. Cette vocation, si naturelle chez Anna, était aux antipodes des intérêts de sa fille. Ma mère ne savait pas tenir maison et, parce qu'elle avait dû travailler très jeune, elle était mauvaise cuisinière. De toute manière, Anna voyait à tout. Peut-être même a-t-elle hésité à devenir femme ?

Dans la boîte brune, il y a un *scrapbook* passablement amoché, une couverture représentant un paysage des Rocheuses, des feuilles jaunies, un ramassis d'articles qu'elle n'a pas relus. Parmi eux, une centaine de recettes, qu'elle n'a jamais essayées, découpées dans le cahier « Perspective » de *La Presse*. Des critiques concernant mon premier roman, des reportages sur deux ou trois séries télévisées que j'ai écrites, des papiers sur son frère Julien devenu curé, un cousin qui gagne un tournoi de tennis. Tout cela en vrac, des souvenirs hétéroclites. Ce qui étonne, c'est qu'il n'y a que deux images collées sur les pages de l'album. Elles sont dos à dos et datent de Noël 1947. D'un côté, ma grand-mère et moi. Je suis debout sur ses genoux, je bave un sourire. Elle porte une belle robe. De l'autre côté, la photo de l'actrice Hedy Lamarr.

J'imagine ma mère qui, pleine de bonne volonté, décide de colliger dans ce gros cahier les images auxquelles elle accorde de l'importance. Elle colle la photographie de ma grand-mère et moi, développée en plus grand format. Elle l'a choisie parmi une dizaine d'autres et c'est celle-là qu'elle préfère. Elle tourne la page et place soigneusement Hedy Lamarr. Et puis, elle attend de trouver d'autres sujets dignes de figurer dans cet album. Le temps passe. Les nécessités prennent le dessus, les occupations, les préoccupations. Le temps file. Elle oublie son projet, le reporte, ajoute des documents en attendant. Elle ne l'abandonne pas mais, par la force des choses, il a l'allure de souvenirs rapaillés. Toutes ses collections sont demeurées boiteuses, inachevées.

Sous le visage de l'actrice, Pauline a écrit : Hedy Lamarr. Je n'ai pourtant aucun souvenir qu'elle ait admiré cette comédienne. Pour comprendre le rapport entre ma mère et elle, j'ai retracé son histoire, un petit scandale. Cette actrice s'appelait Hedwig Eva Maria Kiesler. En 1933, elle tourne dans le film *Ecstasy*, de Gustav Machati, où elle apparaît nue pendant une séquence de quinze minutes. Très audacieux pour l'époque. Un film sur le désir, dénoncé par Pie XII, les censeurs américains, britanniques et les généraux de Hitler. Une belle unanimité. La fille épouse un riche marchand d'armes autrichien qui, malade de jalousie, paiera une fortune pour récupérer toutes les copies de l'œuvre. L'aventure le mènera au divorce et le film connaîtra un succès, ce qui n'empêchera pas l'actrice de prendre le pseudonyme de Hedy Lamarr et de faire carrière à Hollywood. Pauline ignorait cette histoire. Pourquoi aurait-elle admiré une personne si différente d'elle ?

J'ai fini par comprendre que ma mère avait dû conserver cette photo pour la coiffure de la vedette. Elle voulait cette tête, très féminine, à la mode, belle.

Le *scrapbook* de Pauline ne contient aucune autre surprise, aucun autre mystère. Ses pages racornies n'ont pas tenu un rôle plus important que de rassembler quelques articles, des recettes et le visage de Hedy Lamarr.

16

Sainte-Rose 1948

En 1948, Marc-Aurèle Fortin retourne vivre à Sainte-Rose. Au début des années 1920, il y a peint de grands ormes, des toiles magnifiques. Malade, l'artiste cherche la fraîcheur. Dans une maison de pierre, il trouvera également l'éclairage parfait pour la poursuite de son œuvre.

Les Deneault ne connaissent pas Marc-Aurèle Fortin. Les Montréalais qui ne s'intéressent pas aux arts ignorent l'importance de ses toiles. Coïncidence ! La famille découvre Sainte-Rose et y passe son premier été pour les mêmes raisons que le peintre : la lumière et la fraîcheur.

Pour les enfants d'Anna, la vie change. Pauline est enceinte. Mireille, ma sœur, grossit dans son ventre. Jacques, pour qui la fourrure a de moins en moins de secrets, travaille d'arrache-pied. Il se procure une voiture, une Pontiac 1945 à peine usagée. Mon père lui apprend à conduire. Il reprendra ses leçons avec Jean-Marcel et, plus tard, avec Julien et Guy.

Le logement de la rue Boyer ressemble souvent à une gare. Au fil des dernières années, avec le bouillonnement des activités de chacun, il rapetisse. Autant ce logis est froid en hiver, autant on y suffoque en été. Un jour, Guy annonce qu'un copain lui a indiqué un coin tranquille où il y a des chalets à louer pour pas cher. L'été à la campagne, c'est une idée de riches, un rêve inaccessible pour les pauvres. Les Deneault s'aperçoivent qu'ils sont moins pauvres. Leur ambition leur permet d'avoir des envies luxueuses.

À cette époque, Sainte-Rose est plus qu'un village de l'île Jésus, c'est une campagne pleine de terres cultivables, une région où, le long de la rivière des Mille-Îles, fourmillent les lieux de villégiature. Il s'agit d'agglomérations de petits chalets construits exclusivement pour l'été, qui n'ont pas le luxe de ceux que l'on retrouve à Rosemère ou à Oka.

Un dimanche, les p'tits gars se rendent à Pointe-aux-Charmes. Ils visitent quelques chalets et en choisissent un. S'amorce alors une tradition qui ne s'éteindra qu'au début des années 1970, quand la grande majorité de la famille vivra à l'année presque au même endroit devenu, avec le temps, la ville de Laval.

Anna hésite à quitter son nid. Peu à peu, l'aventure du chalet lui paraît différente. La campagne ne l'effraie pas. Elle a été élevée à Ahuntsic. Contrairement à Pauline, elle n'a pas peur des araignées ou autres bestioles. Ce qui lui plaît, dans le chalet, c'est l'air, l'espace, ce qui manque sur le plateau Mont-Royal. Elle n'est pas du type à sortir une chaise pliante sur le trottoir pour échanger avec les voisins ou à s'installer parmi les mauvaises herbes de la cour humide.

Dès la Saint-Jean, la famille déménage. Mes oncles et mon père, qui travaillent à Montréal, ne se pointent que les fins de semaine. Par contre, Marie, Pauline, Anna et moi, le bébé d'un an, nous tenons le fort.

Pour atteindre l'endroit, on doit traverser Sainte-Rose, puis rouler cinq ou six kilomètres vers l'ouest sur une route asphaltée jusqu'à un chemin qui s'enfonce entre les deux clôtures d'un champ de foin, au bout duquel se dresse une forêt dense. Il faut connaître le lieu et posséder un œil averti puisque la petite pancarte sur laquelle est indiqué « Pointe-aux-Charmes » est rongée par la moisissure quand elle n'a pas dégringolé dans les hautes herbes du fossé sans que personne songe à la remettre à sa place. Les intrus ne savent pas à quoi s'attendre. Le chemin sur lequel on s'engage est composé de deux sillons parsemés de gravier et de nombreux trous qui deviennent boueux à la moindre pluie. Entre ces deux travées irrégulières, les herbes poussent librement, les plus aventureuses étant courbées par le passage des voitures.

La forêt, d'abord très fournie, s'éclaircit à l'approche de la rivière. Là, enfin, des chalets de même modèle s'élèvent, sans former de rues, comme s'ils avaient poussé au hasard, tels des champignons ou des mauvaises herbes. Murs extérieurs en imitation de bois rond, murs intérieurs en contreplaqué, toits de bardeaux d'asphalte, porte-moustiquaire qui claque, cheminée qui aromatise les matins frisquets. Des petits chalets classiques, pas riches, pratiques. Des camps qui permettent de goûter la nature et de s'endormir en entendant le concert des ouaouarons.

Ma grand-mère ne déroge pas à sa bonne habitude : elle me gâte. Elle me cajole, me promène, la nuit, quand je pleure. Le jour, elle me dorlote et me gave. À quatre pattes, je vis des aventures qui font frissonner ma mère qui s'énerve pour des broutilles. Ainsi, je me découvrirai un fort penchant pour les raisins bleus. Anna en a acheté un panier. Après en avoir retiré la peau, elle les glisse dans ma bouche goulue. Fascinant manège qui me soûle. J'en fais ma première indigestion. Je vomis rouge. Dans sa panique, Pauline s'imagine que j'ai une hémorragie. Marie, ma mère, ma grand-mère, qui sont seules au chalet, font à rebours le petit chemin tranquille où, pour une fois, elles aimeraient tant rencontrer une voiture. Elles se rendent à Sainte-Rose, à presque deux heures de marche, chez un médecin qui constate ma goinfrerie et fustige Anna.

Pendant l'été, j'explorerai d'autres domaines inconnus. J'apprendrai que les guêpes piquent lorsqu'elles s'impatientent, qu'il ne faut pas jouer avec un fer à repasser chaud, que l'eau peut être glacée, que la pluie sur un toit nous endort merveilleusement.

Je ne suis pas le seul explorateur du lieu. Mes oncles sympathisent avec un voisin qui se construit un chalet. Son terrain est immense et borde la rivière. En échange d'un sérieux coup de main, l'homme invite les Deneault à bâtir un autre chalet sur son terrain. Julien, qui travaille le bois avec talent, montre son savoir-faire.

L'été suivant, un chalet nouveau, construit sur mesure pour la famille, fera le bonheur d'Anna qui ne se sentait pas dans ses affaires dans le premier. En attendant le deuxième été, plusieurs choses changeront. L'époque des grands voyagements débute. En quelques mois, Pauline, sous le poids des responsabilités qu'elle ne peut plus fuir, vieillira considérablement. Je l'imiterai.

17

Le capharnaüm de Tubert

Avec l'arrivée de Mireille, en octobre 1948, Pauline et Louis doivent quitter la rue Boyer. Ils emménagent dans une maison neuve de Ville Saint-Michel. Le bout du monde pour ma mère qui s'y ennuie à mourir. Moi, je pleure à fendre l'âme. Anna me manque. La catastrophe, quoi !

Au travail, mon père doit se plier à des horaires chargés. Ma mère se sent abandonnée. Nous ne parvenons pas à nous consoler mutuellement. Cette fois, Hubert Lachapelle, l'ami inconditionnel de la famille, propose une solution. Il habite dans un grand logement, rue Drolet. Grâce à lui, nous revenons sur le plateau Mont-Royal, après quelques mois d'exil. Nous occupons les trois quarts de la place ; lui, le véritable locataire des lieux, se contente d'une chambre avec vue sur la cour arrière et la ruelle.

Ce bénévole par excellence ne peut plus aider Julien, qui étudie au Grand Séminaire. Il se disperse aux profits de différentes œuvres de charité, principalement la cause des orphelins.

Un soir, après un gala-bénéfice à l'orphelinat Saint-Arsène, il entre en se tenant aux murs. Il caracole dangereusement. Pauline, un peu effarouchée, l'aide à se rendre à son lit. Son nez fin lui confirme que l'homme n'a pas pris d'alcool. S'il est si amoché, c'est d'avoir voulu faire rire les enfants.

Pour la soirée, il s'est déguisé en clown. Le clou du spectacle consistait en un combat de lutte entre Yvon Robert, le lutteur le plus populaire de l'époque, et un adversaire quelconque. Avant le match, le champion et Tubert ont planifié un petit numéro.

— Pendant la rencontre, viens me taquiner, a suggéré l'homme fort. Tu me pinces, tu me fais des grimaces, tu me lances des boulettes de papier. N'importe quoi.

— Mais après ? s'est informé le clown, devinant que dans ce métier-là le beau rôle ne durait pas.

— Quand j'aurai gagné, ça sera encore plus drôle. Je t'attrape, je te fais une clé japonaise.

La clé japonaise, sa prise préférée, celle qui faisait vibrer les amateurs de lutte de la province.

— Aucun danger, a soufflé le lutteur. L'important pour toi, c'est de ne pas te durcir. Suis le mouvement, reste mou. Tu n'auras qu'à te laisser faire.

Tubert, le clown, a joué son rôle à la perfection pour le plaisir des enfants. Et les orphelins ont rigolé davantage lorsque, après avoir terrassé son adversaire, leur favori a attrapé le bouffon. Encouragé par les hurlements des jeunes, Yvon Robert a saisi les pieds de sa victime et l'a fait tourner comme s'il activait un manège fou, le rabattant de temps à autre sur le tapis.

— Tu as été formidable, a murmuré le champion avant de river les épaules du clown au plancher en l'écrasant de tout son poids.

Pendant les trois jours suivants, Hubert Lachapelle découvre le prix du rire. Il ne pourra pas quitter son lit. Le dos en compote, son exploit lui coûtera quelques séances chez le chiropraticien.

Dans la vie, quand il ne se dépense pas pour les malheureux, Tubert Lachapelle travaille pour une compagnie de plomberie dont les bureaux sont situés rue Rachel, de biais à l'église Saint-Jean-Baptiste. Il est commis.

Un an après notre arrivée chez lui, Pierrot vient au monde. Désormais, nous avons l'air d'une vraie famille : trois marmots qui se suivent ; un père qui, pour joindre les deux bouts, est livreur le jour et chauffeur de taxi, le soir ; une mère qui s'affaire à être mère. Pour compléter le tableau, Tubert qui, s'il ne partage pas nos repas, se mêle à notre vie quotidienne. Il est professeur, chef scout, conteur, clown, photographe, bricoleur, un peu curé. Il connaît tant de choses qu'il pourrait nous faire croire qu'il a cent ans.

En compagnie de Tubert Lachapelle, nous découvrons le monde. Sa chambre, verrouillée le jour, est la caverne d'Ali Baba en miniature. Quand il est là et qu'il dispose d'un peu de temps, il nous en ouvre la porte avec générosité. Dans son univers débordant, rien ne ressemble à ce que nous rencontrons ailleurs. C'est plein d'objets, de souvenirs, de drôles de machins.

Son appareil radio, plus ancien que le nôtre, est un gros meuble au son feutré et puissant. Devant cette antiquité, une immense berceuse, fabriquée par M. Lachapelle père. L'homme a sculpté des scènes de chasse sur le dossier. Ce qui nous impressionne davantage, ce sont les deux têtes de chiens enragés qui gardent férocement le devant des accoudoirs entre lesquels nous nous installons. Mireille, Pierrot et moi pouvons nous y asseoir tous les trois pour écouter le père Noël qui, entre ses rires, récite les noms des enfants qui ont été sages dans la journée. En d'autres occasions, nous attrapons une partie du chapelet en famille. Tubert est croyant. Il occupe ses heures de liberté — lesquelles ? — à confectionner des chapelets. Sur sa table de travail, poussée contre le mur, il y a une petite armoire pleine de tiroirs minuscules. Dans ces tiroirs, il entrepose les grains de chapelet. Travail minutieux. Personne ne peut être plus minutieux que Tubert lorsqu'il s'attaque à des travaux miniatures. Il m'aidera à monter, à coller et à peindre mon premier modèle réduit, une Ford décapotable 1955.

Dans un coin de sa chambre, tout près de la fenêtre, il fait sa toilette à un minuscule lavabo, surmonté d'un petit miroir en coin devant lequel il se rase avec un rasoir électrique. À l'opposé du cérémonial de mon père qui, lui, fait mousser sa crème à raser sur ses joues. Le bourdonnement du rasoir de Tubert fait partie du rituel du matin, au même titre que la radio que Louis allume et que l'odeur de sa cigarette mêlée à celle du café.

Chez Tubert, on se croit dans une roulotte. En plus du lavabo, il possède un poêle à deux ronds posé sur une tablette au-dessus d'un mini-réfrigérateur. Dans nos yeux d'enfants, la découverte d'autant d'objets nains nous impressionne et, d'une certaine manière, ramène Tubert à notre dimension.

Nous devons nous éloigner de la cuisinière à gaz, dont il enflamme les brûleurs en craquant une allumette, quand il fait bouillir de l'eau pour préparer son thé ou qu'il réchauffe le contenu d'une boîte de conserve : le fameux ragoût de boulettes Cordon Bleu ou le spaghetti en boîte Catelli. Il nous fait goûter. Nous jugeons évidemment que rien n'est meilleur que la nourriture en conserve.

À l'occasion, Tubert accepte de manger avec nous. À la fin du repas, il cache un billet d'un dollar sous son assiette. Pauline proteste, il insiste. Je propose de garder l'argent si personne n'en veut. Incroyable le nombre de paquets de cartes de hockey que je pourrais me procurer avec une telle somme.

Avec Tubert, c'est l'aventure, les voyages. Il nous emmène à l'exposition du *sportsman*, où il y a plein de bateaux, au Palais du commerce. Il nous entraîne à la gare et nous fait prendre le train. Nous allons visiter deux de ses tantes qui habitent à Saint-Vincent-de-Paul. Montréal–Saint-Vincent-de-Paul, toute une expédition. Son emploi l'amènera à vivre une année à Goose Bay, au Labrador. Toute la famille ira le conduire à l'aéroport de Dorval. Il montera à bord d'un petit avion qui me paraîtra extraordinaire. Le premier avion de ma vie.

Mimi et Pierrot sont plus près de lui. Peut-être parce que je suis souvent chez ma grand-mère et qu'il sait combien je suis gâté. Ainsi il les amène au restaurant chinois, à l'angle de Drolet et Mont-Royal. Ma sœur et mon frère en reviennent emballés, les doigts collés par la sauce des côtelettes, brandissant les billets qu'ils ont dénichés dans les biscuits de fortune. Moi, je mettrai des années avant d'apprécier cette cuisine.

Tubert nous offre des cadeaux originaux. Pour arrondir ses revenus, il est aussi représentant d'une compagnie d'objets minuscules. Certains soirs, il se rend chez des gens faire des soirées de démonstrations. Il est au courant des plus récentes inventions : la radio à transistors, les 45 tours, les assortiments de pétards à mèche et de feux de Bengale.

Un matin de Noël, il nous invite dans sa chambre. La veille, il avait fermé sa porte et s'était montré distant. Nous comprenons la raison. Il a monté pour nous une petite épicerie aux murs de carton. À l'intérieur, sur les tablettes, nous reconnaissons, en versions miniaturisées, les produits que ma mère achète et d'autres dont nous entendons le nom à la radio ou à la télévision.

Enfin, dans sa chambre, les murs sont tapissés de photos encadrées. Avec un appareil qui éclabousse de lumière, c'est lui qui prend les clichés lors des fêtes familiales. Il possède des séries de diapositives nous représentant, dans nos jeux ou à notre première communion. Tubert fait partie de la famille. Il en est un membre accepté, ce qui est exceptionnel, chez les Deneault, et un témoin de choix.

18

Rue Boyer

C'est l'histoire d'un petit garçon aux cheveux blonds. Il marche, avenue du Mont-Royal. De la rue Drolet, où il vit avec sa famille et un ami, à la rue Boyer, où l'attend sa grand-mère, il traverse sept rues. La plus dangereuse est la rue Saint-Denis, une espèce de louve affamée avec sa circulation dense, ses camions, ses tramways, ses taxis. Par chance, à cette intersection, il y a des feux de circulation.

La première fois qu'il est parti dans cette forêt de gens — des marcheuses et des flâneurs, des tristes et des pressés —, sa mère l'a accompagné jusqu'à cette monstrueuse artère et lui a prodigué des consignes claires. À cinq ans, il pouvait les comprendre.

— Tu arrêtes au feu rouge. Tu attends avec les gens sur le trottoir. Au feu vert, pars avec tout le monde. Ne cours pas devant, reste au centre du groupe. Fais la même chose au coin de Saint-Hubert.

— C'est l'autre rue avec des lumières ?

— C'est ça. Et puis, ne t'attarde pas en route. Grand-maman va m'appeler dès que tu arriveras chez elle.

C'était une aventure. L'aventure d'une journée souvent recommencée. Le gamin a vite appris à dompter les rues, à se dissimuler parmi les grands.

Oh ! bien sûr, en chemin, la tentation le pique. Il a bien envie de s'arrêter devant la boutique de sucre d'érable et de miel, de regarder les abeilles de la vitrine se promener dans leurs casiers. Devant ce magasin, l'eau lui vient à la bouche. C'est ici qu'Anna achète la brique de sucre mou. Sur le comptoir de la cuisine, elle taille de fines lamelles avec un couteau et dispose cet or sucré et fondant sur un toast chaud. Anna connaît ce qu'il préfère dans la vie.

Il ne déteste pas respirer longuement l'odeur de frites et de hot-dogs qu'embaume le petit restaurant dont le propriétaire chauve a la peau bronzée. Plus loin, la pâtisserie offre ses éclairs à la crème. Là, le 5-10-15 et sa vitrine d'outils et de jouets. L'église des Pères, immense. Au pied du grand escalier, le vendeur de crayons dans son fauteuil roulant. Le magasin de tissus, pas très intéressant, sauf pour les couleurs. Enfin, le garage Esso dont il traverse le terrain en diagonale. C'est la rue Boyer.

Anna est sur le pas de sa porte.

La demeure m'appartient. J'y apprends les jeux solitaires que je ne pourrais goûter aussi librement à la maison, avec Pierrot et Mimi, ou à l'école, où il faut marcher avec les autres.

Chez Anna, dans ce logement que je connais aussi bien que le fond de ma poche, l'aspirateur ventru, avec son phare avant, devient un magnifique camion. J'adore le pousser, lorsque son moteur vrombit, tout comme j'aime rouler dans le camion de mon père.

Anna repasse les chemises de mes oncles. Il y en a des centaines, me semble-t-il. Pour humidifier le coton, elle se sert d'une bouteille de Coke vide dans laquelle elle a mis de l'eau. À la place du bouchon, elle a posé un bec à plusieurs trous. Elle asperge le tissu. Dans les restaurants, les gens utilisent la même invention, le vinaigre blanc remplaçant l'eau. Ma mère ne peut pas manger de frites sans vinaigre. Ma grand-mère ne peut pas repasser les chemises sans les humidifier. Son fer glisse sans obstacle sur les tissus desquels s'élève une petite vapeur.

À la radio, les Joyeux Troubadours font des blagues, chantent des chansons.

Elle trempe les poignets et le collet dans un liquide opaque d'un blanc bleu. De l'empois. Les poignets et les cols se raidissent. Ça fait plus chic et ça irrite le cou.

Pendant ce temps, sur le jeu en étoile, je dispute une partie de billes chinoises. Je remplace les six joueurs et me débrouille pour ne pas perdre.

À la radio, une émission de chansons : *Est-ce ainsi que les hommes vivent ?* Puis les nouvelles.

Anna enfile son manteau, ramasse son porte-monnaie. Elle m'entraîne dans la rue. Elle fréquente un magasin différent pour chaque type d'achats. Nous nous rendons chez un de ses bouchers. Pour le bœuf, c'est la Boucherie Royal, pour le porc, nous allons chez son « p'tit juif ». Est-ce que je me trompe ? L'homme a un fouillis de poils dans les oreilles, ses lunettes retombent sur le bout de son nez également poilu. Le pire : son tablier est maculé de sang. Anna lui parle français, il réplique dans une langue que je ne saisis pas. Ils se comprennent. Il brandit l'énorme tête de cochon au-dessus du comptoir. Ma grand-mère semble satisfaite. Qu'allons-nous faire avec une pareille horreur ? La tête est emballée dans un papier journal. Anna marche, je lui emboîte le pas, loin de son sac.

Nous rentrons. La radio fonctionne, elle a protégé le logement pendant notre absence. Jean Sablon chante *Le petit chemin qui sent la noisette.*

Anna dépose l'affreuse tête de cochon sur le comptoir de la cuisine, l'enrobe dans du coton à fromage. Je suis soulagé de ne plus voir ce groin qui ne respire plus. Elle fait bouillir son butin dans son plus gros chaudron avec des oignons hachés, une grosse carotte râpée, du poivre, du sel. Elle ne ménage pas les clous de girofle et la cannelle. L'opération me fascine, je la suis du coin de l'œil en feignant de m'intéresser à cette route que je construis sur la table avec des bobines de fil vides et des boutons multicolores.

À la radio, la voix de Dyne Mousso annonce : *Docteur Claudine.*

La tête est cuite. Anna la décortique au moyen d'un petit couteau pointu auquel il m'est défendu de toucher. Bientôt, elle jette à la poubelle les os du crâne. Guy adore la tête fromagée. Sa mère en confectionne des sandwiches pour son lunch. Elle promet d'en conserver une terrine pour mon père. J'en veux, moi aussi. Elle me fait griller une toast dans ce grille-pain dont les côtés se rabattent. Elle étend une généreuse portion de beurre, elle la tartine de sa préparation. Une tête de cochon, ça peut être divin. Anna est une magicienne.

Je reviens chez Anna. J'y vieillis sans m'en rendre compte. Même lorsque j'irai à l'école, je viendrai ici, profiter de mes congés. Anna raconte que c'est pour soulager Pauline qui est souvent débordée, à la maison. Je troque Mireille et Pierrot contre mes oncles qui me semblent des grands frères. Marie, que je n'ai jamais appelée ma tante, a tout juste onze ans de plus que moi.

Bientôt, je sais lire. J'accapare la table basse du salon. J'invente des matchs de hockey, un jeu solitaire, avec les noms des joueurs découpés dans *La Patrie*.

À la radio joue un autre feuilleton, *Jeunesse dorée*, dont Anna ne manque pas un épisode.

L'eau bout sur la cuisinière à gaz. Anna se prépare un bon thé Salada, comme dans les annonces de *La Presse*. Elle plonge des biscuits secs dans sa tasse. Ils sont imbibés juste à point. Délicieux. Quand j'essaie de l'imiter, les biscuits se ramollissent et se décomposent dans la boisson.

Anna coud à la machine. En jouant avec les cow-boys et les Indiens du ranch que j'ai reçu à Noël, je vois son pied activer la large pédale. Et le roulement du moteur qui fait monter et descendre l'aiguille. Je peux lire la marque Singer. Le même nom apparaîtra sur sa machine électrique toute neuve.

Le temps passe.

Anna reprise, tricote, pose une pièce au coude d'une veste de laine, refait le bord d'un pantalon de Guy, d'une jupe de Marie.

Elle époussette les meubles, polit la table de la salle à manger que l'on utilise rarement, astique la coutellerie que personne ne touche sauf aux fêtes, aiguise un couteau.

Marie revient de l'école, fait ses devoirs. Je ne la dérange pas. Elle me prête une statue de la Vierge qui, dans la noirceur d'une garde-robe, s'illumine.

Guy s'amène. Il est pressé. Il se débarbouille en vitesse, se défait tant bien que mal de l'odeur de sa manufacture. Une tranche de steak grésille dans la poêle. Parfaitement saisi. Et la sauce au beurre bruni le recouvre et rejoint les pommes de terre. Il avale une bouchée rapide avant de se rendre à la salle de quilles. Il est membre d'une ligue. Ce que ma mère ne peut plus faire.

Les p'tits gars s'en vont… Avec les années, j'assiste à l'évolution de leurs amours, à la préparation de leur mariage. À tour de rôle, mes oncles quittent le cocon pour y revenir pourtant.

En 1951, Julien est ordonné prêtre.

Jean-Marcel rencontre Marie-Anne.

Ils se marient en 1952. Je suis le seul enfant invité au mariage de mon parrain. J'ai cinq ans. Pour l'occasion, on m'achète un costume de matelot. Dans l'église, je suis au bout d'une rangée, près d'Anna, et j'attends l'arrivée de l'enfant. En vain. Lorsque la cérémonie se termine, je suis déçu. Le tour de magie n'a pas eu lieu. Où avais-je pêché l'idée qu'un enfant naissait lors d'un mariage ?

Jean-Marcel et Marie-Anne habitent à Saint-Laurent audessus des beaux-parents. Ma nouvelle tante est fille unique. Jean-Marcel n'abandonne pas son aide à la famille pour autant. Je le vois des dizaines de fois, dans la cuisine, à l'insu de tous, tendre un billet de vingt dollars à sa mère. Anna le fait aussitôt disparaître dans la manche de sa veste ou dans le haut de son bas.

Je suis tranquille. Je suis bien. Je suis fait pour vivre entre ces bruits, dans ces odeurs de vie. Je me fabrique des souvenirs.

19

Les fesses de Jocelyne Première

Je n'ai pas détesté l'école. À force de voir Marie tremper sa plume dans son encrier et, penchée au-dessus des pages d'un cahier, s'appliquer à faire ses devoirs, j'avais même hâte d'y aller. J'aimais suivre le geste d'écrire.

Le premier jour, les enfants qui pleuraient m'ont un peu traumatisé. Un petit garçon hurlait à en devenir bleu et se cramponnait à la cuisse de sa mère. Une grosse maîtresse tentait de lui faire lâcher prise. Spectacle affreux. J'ai souhaité que cette maîtresse ne soit pas la mienne.

L'école Sainte-Eulalie est une école de filles. C'est seulement en première qu'elle reçoit les garçons. Est-ce parce qu'il n'y a pas assez de place à l'école Saint-Jean-Baptiste ? Possible. À moins que ce soit parce que, la première année étant l'année de la confirmation et de la première communion, il est plus facile de coordonner les préparatifs de ces cérémonies en ayant tous les enfants sous la main. Nous, les garçons, n'y voyons pas de problème. Nous n'avons pas à nous battre avec des grands de deuxième ou troisième pour prouver que nous avons notre place ici. Les filles ne nous dérangent pas, nous avons chacun notre portion de la cour.

Pauline est tranquille. Je ne suis pas dans la classe d'une bonne sœur, ce qu'elle craignait plus que tout. Mon enseignante, Mlle Prud'homme, ressemble à une grand-mère classique. Elle a les cheveux gris, tirés en un chignon, et elle est douce. Dans ses yeux, nous pouvons cependant reconnaître quelques étincelles d'autorité, bien qu'elle n'ait pas besoin de prouver quoi que ce soit. Nous sommes dociles, engourdis par tant de nouveautés. En fin d'après-midi, nous nous mettons en rangs pour quitter la classe. Tout en veillant à ce que nous soyons à notre place, elle distribue à chacun de nous des suçons en forme d'animal, en sucre d'orge d'un rouge transparent, qu'elle confectionne elle-même.

Sur le trottoir, nous faisons des jaloux. Les enfants des autres classes nous envient. Jocelyne Rousselle, qui habite à deux maisons de chez nous, veut que je la laisse goûter. Je refuse. Ma mère m'a appris que c'est dangereux pour les microbes. En vérité, je suis un peu embêté avec ce coq rouge. Anna m'a habitué à ne pas me coller les doigts.

Jocelyne est une blonde aux yeux bleus. Elle s'est toujours vantée de ce que son père était joueur de baseball. Plus tard, je chercherai et ne trouverai pas son nom dans les alignements des équipes des grandes ligues. En revenant dans le passé, pour situer un peu la vie de ce livre, j'ai écumé les annuaires de Montréal. J'ai pu constater que son Jack Rousselle de père était commis voyageur.

Au deuxième jour de classe, Jocelyne m'invite chez elle. Elle veut que je voie son petit frère, un nourrisson de quelques semaines. J'accepte.

Elle habite au troisième. Dans l'escalier intérieur de sa maison, elle me précède. Soudain, elle s'arrête, relève sa jupe, descend sa petite culotte et me montre ses fesses. Le spectacle qui la fait rigoler n'a rien de nouveau pour moi. Elle a un sexe fendu, en tous points semblable à celui de ma sœur. Certains soirs, ma mère nous donne notre bain ensemble.

Ce qui me trouble dans ce geste de Jocelyne, c'est son petit côté secret. Le rire que Jocelyne étouffe dans sa main. Son rire et son regard bleu, pétillant, nouveau. Je suis tellement saisi que je joue l'indifférent. Elle remonte sa culotte et escalade l'escalier à une vitesse folle. C'est étrange : une fille de mon âge me dévoile son sexe en riant. Je me mets à espérer qu'elle recommencera.

Le lendemain, je lui demande si je peux rendre une autre visite à son frère. Elle accepte. Cette fois, elle attend que nous soyons seuls dans la chambre du bébé pour laisser tomber sa petite culotte au niveau de ses chevilles. Hypnotisé, je pourrais la fixer ainsi pendant une éternité. Un pincement intérieur me trouble. J'entends sa mère chantonner dans la cuisine. S'il fallait qu'elle s'amène. Mon instinct m'avertit qu'une fille qui montre ses fesses à un garçon, même si toutes les fesses des petites filles de six ans se ressemblent, ce n'est pas tout à fait régulier.

Le manège se reproduit. J'aime l'école et ce qui se passe après.

Un jour, Jocelyne me dit :

— Je veux voir.

Sa proposition me gêne. Même si j'ai déjà montré mon pénis à ma sœur, à mon frère. Je porte une culotte courte. Je remonte le bas d'une jambe, je l'étire plus haut que ma cuisse et je sors mon zizi.

Elle rit. J'imagine qu'elle voulait s'assurer que son petit frère était normal. Du bout du doigt, elle effleure le bout de mon pénis. Je ressens un courant électrique, je rabaisse la jambe de mon short. Je suis troublé. Jocelyne rit de plus belle. Sa mère doit l'entendre. Si elle arrivait, elle me surprendrait en pleine confusion.

Le bébé se met à pleurer. Mme Rousselle s'amène. Elle ne me voit pas. Elle constate que Joey a faim.

Jocelyne soupire, le regard bleu, complice :

— Tu vas voir les seins de ma mère.

Mme Rousselle m'aperçoit enfin. Elle me souffle de rentrer chez moi, c'est bientôt l'heure du souper.

20

« Tout à Jésus par Marie »

Ma mère nous amène à la mercerie de son grand-père, Antoine Deneault, coin Rachel et Saint-Denis. Dans ce commerce, qui vise une clientèle masculine, on ne vend que des chemises, des bas, des cravates, des mouchoirs, des boutons de manchette. Pour un enfant, une destination ennuyante à mourir. Le seul intérêt est que Lolo y travaille. À chacune de nos visites, elle nous offre des chocolats. Elle cache une boîte de Laura Secord sous le comptoir. Pour ma mère, cette escapade à cinq minutes de chez nous a l'allure d'une récréation. Avec son rire, ses blagues, ses aventures qu'elle raconte sans ménager ses effets, Lolo requinque Pauline.

Ce jour-là, elle ne peut pas s'occuper de nous immédiatement. Elle sert un homme qui est presque déjà un pur esprit, le frère Larivière.

Le frère Larivière, un saint homme qui n'enseigne plus, réside dans la maison des Clercs de Saint-Viateur, adjacente à l'école Saint-Jean-Baptiste. Une espèce de frère André en plus costaud. Quand il s'engage dans la rue, il nous effraie un peu. Un habitant d'une autre planète vient nous visiter. Il marche avec une telle lenteur, les yeux fixés devant lui, que l'on croirait qu'il suit une étoile. Le frère Larivière se sert des enfants qui jouent dans la rue pour poursuivre son ministère. À moins que, dans son âme flottante, nos têtes de gamins ne s'apparentent à des grains de chapelet.

Quoi qu'il en soit, il s'amène vers l'un d'entre nous, dépose sa main sur sa chevelure et répète sa sempiternelle phrase :

— Tout à Jésus par Marie !

C'est son refrain, son leitmotiv, sa ritournelle, sa croyance la plus profonde, sa prière la plus sincère ou son foutu tic linguistique.

— Tout à Jésus par Marie !

La communauté lui confie quelques tâches. Par exemple : aller chercher les chemises et cols romains que les frères ont commandés à la mercerie Deneault.

Ce que ni la communauté ni le bon frère n'a prévu, c'est que la plantureuse Lolo est de service. Sans s'en douter, le bon frère Larivière vient de mettre un pied en enfer. D'abord, il est servi par une femme qui n'a pas l'allure d'une ménagère de curé. Et puis il grimace lorsque Pierrot hurle comme un damné parce que Pauline ne veut pas qu'il s'enroule des cravates de soie autour du cou. Croyant posséder un pouvoir de consolation, le brave religieux dépose sa paume sur le crâne du bébé de notre famille.

— Tout à Jésus par Marie !

Pierrot se débat. Un démon ! Le fervent admirateur de la Vierge n'a d'autre choix que de retourner devant le comptoir.

Lolo dispose les douze chemises des frères en trois petits tas. Elle déniche aussi le lot de collets romains. Devant l'homme en noir, elle se penche sur le comptoir pour emballer le tout en quatre paquets bien ficelés. Sa poitrine généreuse, emprisonnée dans un décolleté plongeant, s'étale devant le regard ébahi du religieux. Ce dernier, pour ne pas perdre connaissance ou pour offrir ses restes de virilité à Dieu, lève les yeux au ciel.

« Tout à Jésus par Marie ! » doit-il psalmodier dans le vertige de son âme.

Il quitte le magasin en titubant. Il vient de boire à la fontaine bénie de la tentation.

Lolo ne s'est rendu compte de rien. En nous tendant sa grosse boîte de Laura Secord, dont les chocolats ont l'effet d'amadouer Pierrot, elle apprend à Pauline qu'elle en a assez de la famille. Ses sœurs la traquent jusqu'à la mercerie pour lui reprocher ses sorties nocturnes. Elle a accepté un emploi chez Diamond Taxi. Elle sera réceptionniste dans un monde d'hommes.

S'il en avait l'intention, le bon frère Larivière, commissionnaire des autres religieux, ne pourra plus, dans ce magasin, humer les péchés de la chair. Et Pauline sait qu'elle perd une complice qui lui permettait de s'évader de l'ordinaire — elle baptise ainsi le travail de maison — quand elle en avait envie.

21

Chicken pox

Les maladies contagieuses, Mimi, Pierrot et moi les contractons en chœur. Pauline, fataliste, y décèle un côté pratique : tant qu'à être obligé d'attraper ces maladies un jour, aussi bien les transformer en une affaire familiale, comme si négocier trois guérisons d'un seul coup devenait moins éprouvant.

La rougeole en trio n'a pas causé de problèmes. Les oreillons non plus. Quand s'amène la varicelle, Mireille et Pierrot ont les poussées de fièvre et les éruptions normales et simultanées. Moi, je demeure imperméable à ces symptômes. Je n'en mène pas large, certes, mais je résiste. Tous les jours, je me rends à l'école. Je suis en première année.

Une semaine plus tard, mon frère et ma sœur reprennent du poil de la bête. De mon côté, je me sens fatigué. Je vomis pour rien, je fais de la fièvre. Une bosse se développe sous mon omoplate gauche. Bientôt, cette bosse m'empêche de me tenir droit ou de m'appuyer contre le dossier d'une chaise.

Un matin, Pauline paraît effrayée. Dans son regard paniqué, il est clair qu'elle m'imagine bossu, courbé à jamais.

Elle appelle le docteur Gagné. Il arrive, au milieu de l'après-midi, avec sa moustache, son teint rougeaud et sa trousse de cuir. Il a l'air distingué, chose qui plaît à ma mère et qui, au-delà de sa compétence, lui confère le titre de médecin de la famille.

Cet homme est-il conscient de ce qu'il raconte ? Après m'avoir examiné sous toutes les coutures, il entretient ma mère de la maladie appelée le cancer. À voir la verdeur du teint de Pauline, je devine la terrible signification de ce mot.

Le lendemain matin, je subis des examens plus approfondis au Children's Memorial Hospital.

Le pédiatre, un homme maigre aux yeux cernés, nous reçoit, ma mère, mon père et moi, dans son petit bureau. Anglophone et unilingue, il explique ce qu'il croit être à l'origine de ma maladie.

— *Chicken pox !*

L'entretien cafouille lamentablement. L'expression « chicken pox », qui ponctue les explications du médecin, crée une grande confusion chez ma mère, dont l'unilinguisme est francophone. Elle ne saisit pas bien le lien entre les poulets et ma bosse. Mon père, qui baragouine un anglais pratique, ne connaît pas ce terme, lui non plus. Avec l'aide d'une infirmière bilingue, le diagnostic se précise. Je suis victime d'une complication de la varicelle. Les petits boutons, au lieu de couvrir ma peau, sont demeurés dans mon corps et ont concentré leur force en un point précis dans mon dos.

Je dois être hospitalisé et, pour éliminer cette bosse gênante, le traitement consiste à introduire des mèches. Le processus n'est pas douloureux. Je me souviens davantage de ma peur lorsqu'une équipe d'infirmières et de médecins viennent m'opérer, ce qui se produit trois ou quatre fois au cours de la semaine. Entre eux, ils discutent en anglais. J'ai l'impression que des monstres sortent de mon dos et qu'on me les cache.

Par bonheur, une autre infirmière, qui s'amuse à construire des phrases dans la langue de Molière, me rassure en français, avec un sourire qui teinte sa voix d'un goût de cerise.

— Tout est OK, mon petit bonhomme. Le mal s'en retourne dans son maison.

Le mal, je n'en ai plus. Depuis mon entrée à l'hôpital, je surveille tout. Je me réveille la nuit pour écouter les bruits qui ne sont pas nombreux, ce qui ne les rend pas moins terrifiants.

Le jour, j'épie le va-et-vient du personnel infirmier sans rien comprendre. L'anglais dresse une clôture autour de mon lit. Un jour, je projette d'en descendre pour vérifier si je sais encore marcher. Le plancher est glacé, je replonge entre mes draps.

On m'apporte des plateaux de nourriture que je déteste royalement. Les bols de pommes de terre pilées, sans sel ni poivre, me lèvent le cœur. Dans les assiettes, tout est fade. La viande et les légumes empruntent la couleur verdâtre des murs de mon cubicule. Mon infirmière-cerise, constatant que je ne touche à aucun aliment, m'apporte un hot-dog de la cafétéria du personnel. Hot-dog ! Voilà un mot qu'elle n'a pas besoin de traduire.

C'est encore cette infirmière qui, avec le sourire d'une mère et d'une grand-mère, m'annonce que je suis guéri et que je sortirai le lendemain. Je pourrai rejoindre « mon » maison.

22

Pauline allume une cigarette

Au début de chaque après-midi, après la vaisselle du repas, Pauline allume une cigarette. C'est le rituel nécessaire. Elle compose le numéro d'Anna avant d'amorcer une longue conversation. L'échange quotidien. Parfois, je suis là ; d'autres fois, je m'apprête à partir pour l'école.

Dans la famille, tout se sait. Le secret n'existe pas. Chez les Deneault, l'intimité se révèle, par téléphone, au fil des chuchotements ou des conversations confidentielles. Les grands épanchements partagés n'ont pas leur place. Personne ne s'explique devant l'ensemble des autres, aucun ne se répand. Tout se comprend à demi-mot. Anna demeure le fil conducteur des joies, des peines, des anecdotes les plus simples. Les problèmes, les mésententes ou les conflits de personnalités se résument en une phrase. Et Pauline est la spécialiste de ces phrases, tranchantes quand elles concernent des gens qui ne font pas partie de la famille, justificatrices quand elles impliquent les membres de la communauté.

Comment ma mère et ma grand-mère survivraient-elles sans téléphone ?

Un peu plus loin, dans mes occupations qui varieront selon mon âge, j'attrape des brindilles d'information. J'établis des liens. Les enfants jouent. Ils ne sont pas ailleurs. Ils écoutent.

Jean-Marcel et Marie-Anne ont un autre rendez-vous à l'hôpital. Ils subissent des tests. Lequel des deux n'est pas fertile ? Ils veulent savoir s'il existe des interventions possibles. Ils pensent à adopter un enfant. Je n'ignore plus qu'un bébé n'arrive pas à la cérémonie du mariage, j'apprends qu'il existe des embûches à la procréation.

Pauline raconte que Pierrot se frappe partout. Il a des bleus plein le front, à croire qu'il ne voit rien.

La conversation se poursuit d'une anecdote à l'autre : le rhume de Mimi, l'accident dont ma tante a été témoin, l'augmentation de salaire de Guy, presque rien, Jean-Marcel qui, en plus de son travail de représentant, devient assistant gérant dans un magasin de chaussures. L'anecdotique, toujours, puisque chacun a enfermé en lui les principes innés, indiscutables, qui les unissent, l'espèce de foi, la défense des intérêts communs, l'entraide et, surtout, l'orgueil partagé.

Pauline allume une nouvelle Player's. Elle s'exclame, la nouvelle est plus importante. Mon jeu, le camion que je poussais en lui donnant un bruit de moteur ralentit. Il y a congestion.

— Jacques !

Jacques fréquente une infirmière. Une fille d'Ahuntsic. Le nom du quartier devient une perle dans l'oreille de Pauline.

Mon camion reprend la route. J'écoute toujours. Tous les jours…

— En Europe ?… En France…

Julien est prêtre, il a aussi la vocation d'enseignant. Il a obtenu une bourse d'études du Collège de l'Assomption auquel il devra consacrer dix années d'enseignement.

En 1955, le monde des Deneault repousse ses frontières. À bord de l'*Homeric*, Julien traverse l'Atlantique. Il étudie les mathématiques et la physique. Il voyage. Au moindre congé, il visite une région de France, l'Espagne, l'Italie. Il griffonne des cartes postales qui nous apprennent une foule de choses : que les Bretonnes portent des costumes anciens et dansent en sabots, les principes des corridas, les gondoles de Venise, Rome et le Saint-Père. La famille découvre avec lui tous les clichés touristiques. Pour la première fois, il n'est pas là, à Noël, chez Jean-Marcel qui a déjà établi la tradition de recevoir toute la famille.

Guy est victime d'un accident de voiture. Il était passager dans l'automobile d'un de ses amis. Les assurances ne veulent pas payer. Il perd des journées de travail, il a le bras en écharpe.

Marie poursuit ses études à l'École normale Ignace-Bourget. Encore un ou deux ans et elle enseignera.

En allumant une autre cigarette, ma mère s'informe auprès d'Anna. Marie pourra-t-elle nous garder, le lendemain soir ? Louis et elle sortent si peu souvent. Ils voient parfois un film au théâtre Laval.

Jacques se marie.

— Avec Carmen ?

— Oui, assure ma grand-mère. Ils s'installeront à Ahuntsic, près de sa famille.

Ahuntsic, le mot donne un coup au cœur de Pauline. Ahuntsic, son Pérou, son eldorado, sa Terre Promise.

Chaque départ déchire un peu Anna. Elle parle de déménager, si tout le monde s'éclipse. La géographie familiale se brise, cafouille. Il faudra apprendre à nous déplacer.

23

Chante, maman, chante

Les tourne-disques s'appellent des *pick-up*.

Le matin d'un jour de l'An, Hubert Lachapelle nous invite dans sa chambre. Nous, c'est Mimi, Pierrot et moi. Nous formons une espèce de bloc. Sur le coin de sa table de travail, Tubert a installé un petit *pick-up* avec quelques disques pour enfants. Patiemment, il en explique les principes de fonctionnement. Parce que faire jouer un tel appareil exige de la dextérité. Les disques sont fragiles. Les manipuler nécessite des soins. Si une de ces galettes de plastique noir tombe par terre, elle se brise en morceaux. Dans le meilleur des cas, elle s'égratigne, ce qui multiplie les parasites qui, sur un disque neuf, sont déjà fort nombreux.

Il y a une opération plus délicate. Lorsque le disque tourne, il faut déposer avec prudence le petit bras au bout duquel pointe une aiguille. Un faux mouvement et l'enregistrement est rayé ou l'aiguille bousillée.

Tubert nous offre ce jouet magnifique tout en le gardant dans sa chambre jusqu'à ce que nous sachions nous en servir. En de telles occasions, un aîné regrette de ne pas être enfant unique. En fait, je mens. À l'époque, une telle idée ne m'a pas effleuré l'esprit. Je suis un enfant unique à temps partiel : lors de mes visites chez Anna.

Au fil des semaines, l'appareil nous permettra d'apprendre une foule de choses qui seront utiles pour le reste de notre existence. D'abord, la bonne entente. Si nous nous chamaillons autour de l'appareil, Tubert nous met à la porte de sa chambre. Nous retrouver bredouilles ne nous intéresse pas. Avant d'entrer, nous planifions l'ordre des chansons que nous désirons entendre : *Voulez-vous danser grand-mère ?*, *Savez-vous planter des choux ?*, *Le petit chien de laine* de Lionel Daunais, *Les crêpes*. « Ça descend tout seul, les crêpes, à la mode, mode, mode, à la mode de chez nous, you, you, you ! »

En plus de quelques chansons inoubliables, nous découvrons que les yeux de Pierrot sont très mal en point. Lorsqu'il faut déposer l'aiguille sur le disque qui tourne, il colle son nez sur l'objet et se guide en tâtonnant avec le bout de ses doigts. Pour Mimi et moi, la vie ne changera pas. Pour Pierrot, l'aventure est profitable. Avec ses lunettes, il ne sera plus le même enfant, ne se frappera plus partout, n'aura plus le front marqué ou un œil au beurre noir. Et, surtout, il saura déposer l'aiguille sur les premiers sillons d'un disque. Et Tubert nous permettra de transporter l'appareil dans notre chambre commune.

De la dizaine de disques que nous écoutons sans arrêt, je préfère le seul que ma mère a apporté en quittant sa famille : Georges Guétary qui chante *Robin des Bois*. Un héros, doublé d'un amoureux, a l'étoffe pour me plaire. Je m'égosille en imitant l'impeccable chanteur de charme.

De son côté, ma mère chante plutôt mal. Elle détonne, fausse, ne sait pas tenir le rythme. Quand elle se risque à fredonner, dans l'intimité du foyer, elle transforme sa diction, qui était l'apanage des chanteuses de sa jeunesse. Chanter signifiait jucher sa voix dans les aigus, rouler le moindre petit « r » et se tordre la bouche pour éjecter des mots d'amour.

Pauline imite ces chanteuses. C'est faux et complètement nul. J'ignore pourquoi nous tenons à l'entendre, quel foutu plaisir nous éprouvons à souffrir. Pourquoi, nous, ses trois poussins sans oreille et sans cervelle, la supplions-nous de chanter un de ses trois succès ?

En tête de son palmarès figure *La légende des flots bleus*. Après s'être fait prier, elle s'installe dans la berceuse et entonne de sa voix parfaitement fausse :

« Petits enfants, prenez garde aux flots bleus
Qui font semblant de se plaire à vos jeux
Les flots berceurs font pleurer bien des yeux... »

Blottis autour d'elle, nous aimons éprouver la peur de nous noyer. Cette chanson convient à ma mère qui, craignant la vie et ses drames, n'a jamais risqué la moindre aventure. Elle empreint ses paroles d'un ton de tragédienne aguerrie. Quelle mise en garde lorsque, l'index dressé, elle souligne la légèreté de ces garnements qui se moquent éperdument des paroles maternelles :

« Ils sont partis sur la barque légère,
Les trois p'tits gars
Ils sont partis se disant que leur mère
Ne l'saura pas
Mais les flots bleus que la brise taquine
Se sont fâchés
La voile blanche et le mât qui s'inclinent
Sont arrachés
Et les petits enfants
Joignant leurs doigts tremblants [...]
Jettent leur cri d'alarme : "Maman ! Maman !"... »

Au deuxième rang se dresse la *Lettre de René Goupil à sa mère* :

« Pour toi, maman, ce petit mot
De ton René, ton petiot
Là-bas, là-bas, missionnaire... »

Un jour, je rapporte un cahier de *La Bonne Chanson* que l'on nous prête à l'école. Ma mère se délecte. L'histoire de ce jeune martyr canadien qui aimait tant sa mère la fait frémir. Surtout lorsque le père Jogues, compagnon de René, termine la missive.

« Vous recevrez, taché de sang,
Le chapelet de votre enfant
Là-bas, là-bas, missionnaire… »
Les méchants Iroquois, bien sûr.

Sa troisième chanson est un autre cruel avertissement :
« On n'a pas tous les jours vingt ans
Ça n'arrive qu'une fois seul'ment… »

Pauline nous enseigne le tragique, nous en redemandons.
Les airs favoris de ma mère ont été interprétés par plusieurs chanteuses : Damia, Fréhel, Jacqueline François, Lucienne Boyer, d'autres. Je les ai tous retrouvés sur un CD-compilation de Berthe Sylva. Cette dame, photographiée le plus souvent dans un costume d'homme, a connu une carrière courte, mais extraordinaire. Elle a fait un tabac à L'Alcazar de Marseille, en 1935. Ses fans ont arraché et brisé les fauteuils de la salle.
Moi qui réunis des morceaux de ma mère et de ma grand-mère, dois-je chercher une signification aux grands succès de cette chanteuse qui traitent de la misère, de la souffrance, de la mort et de l'amour maternel ?

« C'est aujourd'hui dimanche
Tiens, ma jolie maman
Voici des roses blanches
Que ton cœur aime tant… »

Maman. Le thème récurrent. Toutes les chansons de Pauline rendaient un hommage larmoyant à la mère. Les plus grands malheurs provenaient d'une désobéissance à la mère. Faire souffrir sa mère était le pire des péchés.
Les chroniqueurs l'admettent, ce qui pour l'époque n'est pas peu dire : Berthe Sylva, avec son respect immodéré de la mère, était la reine incontestée du mélo. Le double parfait de Pauline Deneault.

24

Les tramways sont des monstres

— Maman, il y a un film de Lone Ranger, samedi après-midi. Est-ce que je peux y aller ?

— Où ça ?

— Dans la salle de l'école. Le frère Eusèbe a fait le tour des classes pour nous inviter. Ça coûte dix cents.

— Si c'est dans la salle de l'école, c'est correct.

Parce que, dans un cinéma, un vrai, ce serait bien différent. Il faudra plusieurs années avant qu'elle accepte que j'entre dans une salle de cinéma. J'aurai alors treize ou quatorze ans. Je m'y rendrai avec un copain parce qu'il m'aura juré que c'est la meilleure façon de rencontrer des filles. Sans connaître mes motivations profondes, Pauline reprendra ses éternelles recommandations :

— Dans les cinémas, il faut se placer à l'arrière. De cette façon, si un feu se déclare, on sort les premiers.

Combien de fois a-t-elle raconté l'histoire du célèbre incendie du cinéma Laurier Palace, le 9 janvier 1927, au cours duquel soixante-dix-huit enfants ont péri ? Les jeunes qui s'étaient précipités dans les portes, la fumée qui avait envahi la salle, les hurlements, les pleurs. Presque tous étaient morts étouffés. Pauline n'avait pas deux ans, lors de la tragédie. À l'entendre, elle y était.

Si nous prenons le tramway, il faut nous méfier des autres. À l'arrêt, demeurer loin du bord du trottoir. Quelqu'un peut, par inadvertance, nous pousser dans la rue. Ma mère connaît un homme dont les deux jambes ont été sectionnées sur les rails.

À bord du tramway, s'asseoir près du chauffeur et surveiller les voisins. Le maniaque au rasoir, qu'elle est certaine d'avoir croisé, cherche à couper les jambes des femmes. Avec les enfants, il peut viser la gorge.

Les chats? Elle les fuit comme la peste. Ses cousins ont attrapé une terrible maladie avec ces bêtes. La teigne. Ils ont perdu leurs cheveux qui, par chance, ont repoussé, plus frisés. N'empêche que les chats véhiculent des maladies.

La traite des Blanches. À quatorze ans, ma sœur a été sérieusement mise en garde. Ne jamais utiliser une salle d'essayage lorsqu'elle magasine seule. Plusieurs commerces malhonnêtes ont installé des trappes qui s'ouvrent pendant que la cliente essaie un vêtement. Avant de pousser un cri, la jeune imprudente est endormie dans le sous-sol du magasin et se réveille en Arabie ou esclave sur le bateau d'un riche armateur.

Pour chaque permission accordée, selon notre âge, ma mère a un drame à nous raconter. Une peur toute prête. C'est la personne à qui convient le mieux l'expression « se faire des peurs ». Un incroyable mélange de naïveté et de méfiance. Capable de croire les horreurs les plus farfelues, de propager un qu'en-dira-t-on chambranlant. Sur ses gardes à la moindre apparence de danger. Elle se méfie de tout. Il suffit qu'une idée vienne de l'extérieur de la famille pour qu'elle refuse d'y adhérer. Particulièrement des étrangers. Puisqu'il est reconnu que les Juifs sont tous des voleurs; les Asiatiques, des hypocrites; les Anglais, des riches qui nous exploitent; les Français, de beaux parleurs. Nul n'échappe au jugement de Pauline.

Parce qu'elle a travaillé dans des restaurants, ma mère sait que la viande que les cuisiniers mettent dans leur sauce à spaghetti est de piètre qualité. Elle sait que, le matin, les coquerelles patinent sur la graisse de frites figée. Les restaurants sont des nids de vermine. Les Chinois ne se gênent pas pour refiler de la nourriture pourrie à leurs clients, qui n'en reconnaissent pas le goût à cause des épices, quand ce n'est pas du chat ou du rat. Enfin, manger trop de toasts assèche le sang.

Les nouveautés éveillent sa méfiance, provoquent l'élévation d'une solide barrière. Celle des préjugés. Parmi ceux-ci : celui qui veut qu'une femme vicieuse soit pire qu'un homme vicieux. À notre adolescence, elle nous assène sa preuve irréfutable, probablement pour nous informer au sujet des dangers de la masturbation.

Quand elle travaillait à l'imprimerie, une fille s'est enfermée dans les toilettes. Elle ne voulait plus en sortir. Il a fallu appeler une ambulance pour la délivrer. Cette vicieuse s'était entré une bouteille de Coke dans le vagin. Par une effet de succion, ses « organes » s'étaient introduits dans le contenant.

Pauline décrivait les circonstances de l'événement en toute naïveté sans penser une seule seconde que la pauvre fille avait peut-être fait une fausse-couche ou subi un avortement qui avait mal tourné. Peut-être avait-elle tenté de s'avorter elle-même ?

— Ça a été la honte de sa vie, concluait ma mère. On ne l'a plus jamais revue.

Histoire courte, tragique, définitive. Spécialité de ma mère.

25

Maurice Richard et les poissons

La radio est une lampe. Celle des mots qui dessinent les images, rapportent les actions de partout, de tout ce qu'on ne connaît pas quand on a sept ans comme moi, vingt-huit ans comme ma mère, trente-six ans comme mon père. Peu importe l'âge, en 1950 et des poussières, il existe une multitude de choses qu'on ignore. La radio nous renseigne, confectionne le monde.

Les matins, Louis écoute avec un sourire les résultats d'un concours. Un cabaret de l'est de Montréal offre cent dollars au client qui, sur la scène, mangera une souris blanche. La somme augmente de cinq dollars chaque soir. L'animateur décrit les haut-le-cœur qui secouent les volontaires dès que la souris vivante leur touche la langue. Je ne me souviens pas qu'un jour mon père ait dit que l'argent avait été gagné.

Le pianiste André Mathieu fait un pianothon. Tout le monde en parle. Nous l'écoutons à la radio. Ma mère raconte qu'il a les mains occupées et que c'est son père qui doit le moucher. Ces détails touchent Pauline. La musique est bien secondaire.

La radio vit avec nous dans la cuisine.

Le poste est là, posé sur le rebord de la fenêtre. Un barrage contre la ruelle. La voix de la planète qui fait obstacle à la rumeur vivante de ce passage commun où deux poubelles deviennent des *goals,* où les murs en tôle rouillée des hangars valent les bandes de n'importe quel aréna, qu'il soit le Forum, le Stadium de Chicago, le Madison Square Garden, le Boston Garden, le Maple Leafs Gardens ou l'Olympia de Détroit. À sept ans, je n'ai jamais vu une vraie patinoire de hockey professionnel. Il y a bien la télévision, chez ma grand-mère. Nous, nous sommes à la veille de louer un appareil. Pauline juge qu'il est préférable d'attendre que ça se perfectionne, une manière d'éviter de dire que nous n'avons pas les moyens d'acheter un téléviseur.

Dans la ruelle, je recrée l'inconnu à notre mesure. Lors de la dernière tempête de neige, je me suis mêlé aux garçons des alentours. En bande, nous avons déblayé un espace, notre amphithéâtre. Les hockeys sont souvent « remmanchés » à l'aide d'un clou ou d'une quantité phénoménale de ruban gommé noir superposé. La glace est raboteuse, marquée par les ornières. L'hiver, la rondelle rebondit et nous atteint les tibias ou les chevilles. Ce qui ne nous empêche pas de poursuivre nos matchs, grimaçant de douleur. On crie :

— Pas l'droit d'*shoots*!

La rondelle n'entend pas. Elle n'en fait qu'à sa tête.

Ça, c'est le monde de la ruelle, avec ses cris, ses bousculades, ses complicités.

Le soir, le monde de la radio me couve et me redonne vie.

Cette radio dont le boîtier crème, très fade, est craqué. Un jour, l'appareil est tombé. Il fonctionne toujours. Il diffuse des chansons, des radioromans, des nouvelles, des blagues. Il est aussi habité par le hockey.

J'entends la voix de Charlie Mayer. Celle de Michel Normandin. En ces années où la radio n'en est plus à ses balbutiements, le ton demeure nasillard. Est-ce le timbre habituel des anciennes radios? À moins que les commentateurs se soient habitués, pour des raisons techniques, à parler du nez?

Mon hockey a longtemps été enfermé dans cette boîte. Je l'écoute, en pyjama, les yeux rivés à la fenêtre. La ruelle, juste de l'autre côté des vitres givrées, doit l'entendre, elle aussi, en laissant se reposer nos fausses patinoires. Pendant quelques années, j'ai imaginé les matchs de hockey en les projetant sur un écran de givre.

En ce soir de printemps de 1955, pendant que le Canadien lutte désespérément pour ravir la coupe Stanley aux Red Wings, ma mère, une épuisette à la main, mène un tout autre combat. Sur une petite table, devant la radio, nous avons un aquarium où nagent des poissons tropicaux, des petits guppys. Poissons voraces s'il en est. Les femelles au corps gonflé accouchent en nageant et sèment leurs petits un à un. Les mâles, aussi sans-cœur qu'affamés, les suivent et gobent leur progéniture au fur et à mesure. Le défi de ma mère consiste à être assez rapide pour devancer les pères. Elle récupère les bébés et les conserve dans un petit bocal, sorte de maternité, où ils profiteront jusqu'à devenir assez forts pour se défendre.

Pauline est enceinte. Est-ce pour cette raison qu'elle se bat avec un tel acharnement ? Elle joue son match vital, moi, je force avec le Canadien. Elle tient le compte des rescapés par rapport à ceux qu'elle a ratés. Elle remporte une victoire éclatante. Ce qui n'est pas le cas du Canadien.

Il faut admettre que, quelques semaines plus tôt, le 18 mars, la voix de Maurice « Rocket » Richard a lu un texte diffusé à cette même radio. Il venait d'être suspendu et les partisans déchaînés avaient déclenché une émeute. Ils avaient tout cassé autour du Forum. Le peuple n'était pas content. Maurice Richard avait été forcé de lancer un appel au calme. Avait-il la voix nasillarde des annonceurs ou la voix éteinte d'un passionné qui se meurt ?

— Huit, neuf... et dix ! J'en ai dix !

Pour sauver les poissons, ma mère est une championne.

26

La fête grise

C'est une fête, de celles que nous espérons au bout d'une longue attente. Ce n'est pas tant la venue d'un nouveau bébé qui nous excite, Mimi, Pierrot et moi. C'est l'espèce de déménagement qu'il nous fait vivre. Pendant quelques jours, le temps de l'hospitalisation de Pauline, nous irons chacun de notre côté. Mireille logera chez les Cloutier, les parents d'une consœur de Marie, qui étudie avec elle à l'École normale et deviendra sa grande amie. Pierrot ira chez une sœur de mon père et moi, chez ma grand-mère.

Dès le premier jour, la nouvelle tombe, pareille à un ciel gris. Ma mère a perdu son bébé. Mon père est dans tous ses états. Le médecin s'est présenté avec cinq heures de retard. Pas tout à fait à jeun.

Pauline jure qu'elle aurait pu mettre au monde cet enfant toute seule, que l'infirmière lui tenait les jambes l'une contre l'autre, qu'elle ne la relâchait que pour lui donner une piqûre qui devait la calmer. Mon frère n'a pas vécu trente heures. Il était un bébé bleu.

Louis est sombre. Il s'occupe de le conduire au cimetière. Seul. Un petit cercueil dans ses bras. Ainsi ma mère nous l'a décrit.

— Il est sorti de la chambre avec notre petit paquet blanc dans les bras.

27

L'ouragan

Plage des Îles. Mes parents louent un chalet pour l'été. Nous ne sommes pas au bord de la rivière. Jamais nous ne pourrions nous payer une maison avec vue sur l'eau. Plage des Îles comporte cependant deux avantages. Ce n'est pas loin du chalet d'Anna. À peine quelques kilomètres. Impensable que nous nous y rendions à pied mais, en voiture, ça se fait bien. La place fait partie de Sainte-Rose.

Un chalet d'été, c'est un luxe. Pour Pauline, un éloignement salutaire puisqu'il nous permet de passer l'été ailleurs que sur le Plateau. Ma mère rêve au jour où nous pourrons déguerpir de ce quartier, celui de son enfance, qu'elle juge trop dur, vieux, malpropre.

Plage des Îles ressemble à des centaines de lieux de vacances qui entourent Montréal. Ce sont des petites rues asphaltées, bordées de chalets. Quelques-uns ont une allure plus huppée que les autres, ceux dont les occupants sont les propriétaires. On les reconnaît à leurs pelouses entretenues, entourées de haies de cèdres. Souvent aussi, la peinture de la maison est plus récente, d'une couleur plus vive. Les autres chalets se ressemblent tous. Blancs, avec des portes et des fenêtres bleues ou rouges, selon le goût ou la quantité de peinture que le propriétaire a achetée.

Au coin de la rue, un restaurant du type snack-bar, le jour, s'illumine de mille lumières de Noël, le soir. Il devient une salle de danse. Des garçons, les cheveux pleins de Brylcream, y viennent en moto. Le juke-box joue sans arrêt, rutilant, avec sa vitrine, son chrome et ses couleurs. Et les filles… Pourquoi sont-elles si belles quand elles dansent ? Elles ont quinze ans, dix-sept ans au maximum. Un monde pour un gamin de neuf ans. Elles portent des boucles d'oreilles, des bas blancs, se mettent du rouge à lèvres et sentent le parfum. J'aime m'attarder autour de la salle de danse où Elvis Presley, les Platters, Pat Boone et les autres permettent aux filles et aux garçons de bouger à leur rythme et de se coller quand ils en ont envie. Certains couples, main dans la main, se cachent derrière le snack-bar pour s'embrasser. Ce restaurant m'attire autant que la plage.

Tous les après-midi, nous nous rendons à la plage sablonneuse à pied, une dizaine de minutes de marche, ou à bord de la petite voiture que j'ai reçue à Noël. Assis devant, je la conduis parce que je suis le plus vieux et que je sais manipuler adroitement le gouvernail. Mimi prend place derrière moi et Pierrot s'assoit derrière. Mon père, débrouillard, se sert d'un long manche qui lui permet de nous pousser sans se plier en deux. En convoi, nous atteignons la rivière.

Louis n'est pas souvent là. Selon son habitude, il travaille du matin jusqu'à la tombée du jour : toute la journée, chez Pierre-Mercier et Cie où il s'occupe des paquets et de la livraison de différents instruments chirurgicaux ; le soir, il fait du taxi. Les fins de semaine, il nous rejoint. Pendant l'une de ses absences se produit l'événement de l'été, celui que nous n'oublierons jamais.

Nous venons de manger. Ma mère lave la vaisselle lorsque le ciel se couvre. La nuit qui se trompe de trois heures. Le tonnerre roule au loin. Immédiatement, nous le sentons, Pauline s'énerve. Le sol se met à bouger, le vent secoue la forêt qui se dresse derrière le chalet dont les murs frissonnent. Des éclairs nous aveuglent. La pluie se déclenche, à grandes eaux, de véritables coups de fouet. Et l'électricité nous abandonne.

La peur ignore les demi-mesures. Elle fournit à ma mère une voix plus aiguë qu'à l'accoutumée.

— Mes enfants, c'est un ouragan !

De quelques gestes vifs, elle nous attrape par le bras, elle a trois mains, nous ramène contre elle, nous entraîne vers la berceuse, dans un coin de la cuisine. L'œil à la fois sévère et paniqué, elle nous enjoint de nous coller à elle.

Ordinairement, à l'exception des supplications plutôt farfelues qu'elle adresse à saint Antoine de Padoue, Pauline n'abuse pas de la prière. D'une voix précipitée, elle entame un chapelet. Les *Je vous salue Marie* se bousculent, les *Gloire soit au Père* crépitent, les *Notre Père* cherchent leur place. Ma mère nous entraîne à répondre aussi vite qu'elle. Les prières déboulent à un rythme effréné. Notre prieuse a décidé de miser sur la quantité. Tous les saints passent à la moulinette. S'il existe, Dieu doit avoir l'impression de recevoir une gigantesque tarte à la crème en plein visage. Il n'est pas reconnu pour son sens de l'humour, Il décide de nous donner un avertissement. Les vents, qui couchent les arbres frêles, secouent et tordent dangereusement les plus gros.

Dans un tintamarre terrible, le merisier qui, devant notre chalet, domine la pelouse rachitique se fend en deux. Une branche maîtresse s'effondre sur le balcon avant en brisant la petite rampe en mille éclats.

Pauline crie au meurtre. Elle nous griffe, ancre ses ongles dans notre chair, nous étouffe. Les saints, qu'elle a laissés tranquilles pendant ces brèves minutes de panique aiguë, reprennent du service.

— Les arbres vont tomber, hurle-t-elle. C'est la fin du monde, mes enfants, ne bougez pas.

Comment pourrions-nous bouger ? Notre mère est en train de nous réduire en purée. Le chalet s'élève dans les airs, flotte un instant et se demande où se fracasser. Dieu nous livre une bataille terrifiante. Il tourne notre imagination en charpie. Du côté malheur, Pauline Deneault n'a pas son pareil pour activer la foudre.

Enfin… enfin… l'orage s'apaise.

— Un ouragan, déclare ma mère. Le pire de ma vie.

Dans la nuit, nous constatons les dégâts. À part l'énorme branche qui nous a fait si peur, les arbres sont debout.

Dix minutes plus tard, les oncles Julien et Guy s'amènent, histoire de nous rassurer. Nous sommes toujours dans le monde des vivants.

Le restaurant du coin est vide, mort. Sans électricité, le juke-box se tait. Pas de filles aux cheveux en queue de cheval, pas de bas blancs, pas d'amoureux qui s'embrassent derrière le restaurant. Elvis est silencieux. Le bon Dieu a fait le ménage.

28

L'orphelin de Noël

À un Noël, influencés par Hubert Lachapelle, mes parents acceptent d'accueillir un orphelin.

— Les fêtes à l'orphelinat, c'est terrible, insiste notre chambreur.

Louis et Pauline n'ont aucun mal à imaginer la misère.

— Le jour de Noël, on va chez Jean-Marcel, dit ma mère comme s'il s'agissait d'un argument plaidant contre la venue d'un jeune étranger.

— Je l'amènerai dans ma famille, propose Tubert.

Louis n'ajoute rien. Pauline accepte sans s'informer si les riches reçoivent aussi des enfants abandonnés.

Le garçon s'appelle Eugène. Il est un peu plus âgé que moi. Peut-être n'a-t-il jamais pris un repas dans une pièce où il n'y a que six personnes ? S'il mange beaucoup et rapidement, « comme s'il avait peur d'en manquer », note ma mère en catimini, un rien comble cet enfant. Il s'émerveille devant un petit camion, un casse-tête, la marionnette de l'ours dans *Pépinot et Capucine*, les poupées de Mimi. Et notre tourne-disque ? Il écoute les mêmes chansons jusqu'à nous épuiser.

Une nuit, il se met à pleurer. Il me réveille.

— Qu'est-ce que tu as ?

— Mal aux oreilles.

Démuni, je lui conseille de dormir. Il gémit. Ma mère accourt, lui met des gouttes dans les oreilles. À deux heures du matin, la famille au complet est réunie autour de son lit pliant que l'on a installé à côté du mien. À son tour, Pauline nous suggère de nous rendormir. Je n'y arrive pas. Entre mes cils, je l'observe. Assise sur une chaise, elle caresse les cheveux d'Eugène. Elle le veille en lui chantonnant une berceuse qui m'endort. Au matin, elle semble épuisée.

Les jours passent. Le garçon s'attache à nous. Ses maux d'oreilles disparaissent. Il me suit pas à pas et réussit à s'intéresser à des jouets que j'ai relégués aux oubliettes. Dans une boîte de carton, il découvre mon jeu de Mini-Brix, démolit mes maisons rachitiques et construit un château qui épate la famille. Il me prouve qu'en architecture je ne suis pas doué. Je suis davantage perturbé lorsqu'il m'arrache une victoire à mon jeu de hockey sur table.

À un repas, il commence à appeler Louis, papa, et ma mère, maman. Certains mots s'infiltrent comme des échardes sous la peau. Mes parents sont désarçonnés.

Les Rois approchent. La rentrée à l'école est pour le lendemain. Louis doit reconduire Eugène à l'orphelinat. De la fenêtre de notre chambre commune, nous suivons chacun de ses gestes. Il monte à la place que j'occupe habituellement dans la camionnette de mon père. Il lève les yeux.

Entre les plaques de givre, Mimi, Pierrot et moi lui envoyons la main. Ma mère, en retrait, écrase une larme au coin de son œil. Du trottoir, il ne doit apercevoir que sa main qui s'agite parmi les nôtres.

29

La justice de ma mère

C'est le genre de petits restaurants surtout fréquentés par des habitués qui viennent y tuer le temps. Ils vous regardent de travers, surtout s'ils devinent que vous n'êtes qu'un passant curieux. Ça ne dure pas. Et s'ils reconnaissent votre visage, ils se désintéresseront de vous.

J'aime ce restaurant, angle Drolet et Marie-Anne, imbibé du judicieux mélange de trois odeurs : la graisse des frites, la saucisse à hot-dog « steamée » et la fumée des cigarettes. Des odeurs d'adultes, de grands. Les adolescents se confondent aux *bums*.

Dans la salle arrière, autour des tables de *pool*, ça fume beaucoup. Les coiffures des gars sont déjà compliquées et solidifiées au Vitalis, Wildrooth Cream Oil et Brylcream. L'imitation d'Elvis bat son plein. Il est partout. Les nouveaux apprennent à sacrer, les plus vieux se penchent sur le tapis vert, la cigarette vissée au coin des lèvres. Un Coke les attend sur le rebord de la vitrine. Ça, c'est l'arrière du restaurant. Un monde défendu à ceux qui ont huit ou neuf ans. Mystérieux. Ce monde me fascine sans m'intéresser vraiment puisque mon univers véritable se situe devant. Parce que là, il y a quelques petites tables, le long comptoir devant lequel se dressent les *stools* et, presque dans la vitrine embuée, une montre remplie de « bonbons à cenne ». Au cœur de ce présentoir, la boîte contenant les paquets de cartes de hockey.

Quand on ouvre un paquet qui vaut cinq cents, les trois grandes odeurs du lieu s'estompent devant l'odeur unique de gomme à mâcher rose. L'odeur des cartes, la véritable odeur du hockey.

Je passe devant ce restaurant, quatre fois par jour, en me rendant à l'école. Le soir, je veux y aller. Je supplie ma mère.

— Donne-moi cinq cents ! Je veux un paquet de cartes.

Je n'ai qu'une idée en tête : trouver la fameuse carte de Jean Béliveau, la plus rare en cette saison où il s'achemine vers le championnat des compteurs.

Je suis prêt à affronter la nuit, à marcher jusqu'au coin de la rue en pressant le pas, je suis prêt à tout. Je veux un paquet de cartes de hockey. Je sens ma chance. Ce soir, je pourrais compléter ma série. J'en suis persuadé.

Après d'âpres négociations, ma mère succombe.

— Tiens, tes cinq cents.

Dans un élan de justice, elle ajoute :

— Et voici dix sous de plus. Achète aussi un paquet pour Mireille et un autre pour Pierrot.

Ma sœur et mon frère n'ont rien demandé. Le hockey ne les intéresse pas plus que le goût des huîtres ou la couleur du caviar. Ils ne connaissent pas les noms des joueurs, ni leurs numéros ni l'équipe à laquelle ils appartiennent. Bien sûr, j'attrape les dix sous supplémentaires et me précipite vers le petit restaurant. J'achète les trois paquets de cartes qui sentent si bon.

Je reviens à la maison, fébrile. Qu'est-ce qu'ils contiennent ?

J'ouvre mon paquet. Malchanceux, je possède déjà toutes les cartes qu'il renferme. Mon frère déballe le sien et croque dans la gomme rose dès qu'il l'aperçoit, indifférent aux cartes que j'étale sur la table. Un coup d'œil me suffit, il n'y a là rien de bon pour moi.

Ma mère s'exclame :

— Jean Béliveau !

Elle vient d'ouvrir le paquet de Mimi. Incroyable ! Dans le premier paquet de cartes de sa vie, ma sœur tombe sur Jean Béliveau, la carte qui me manque.

Je réagis.

— Je vais te l'échanger.

— Contre quoi ? s'oppose ma mère. Jean Béliveau, c'est la carte la plus rare. Toi-même, tu n'arrêtes pas de le répéter.

J'ai beau offrir vingt cartes que j'ai en double, rien n'y fait. Tel un ange de la justice, Pauline Deneault tient son bout. Ma sœur ne m'échangera jamais la carte de Jean Béliveau. Bien entendu, Mimi ne proteste pas. On vient de lui apprendre qu'elle est en possession d'un trésor.

Cette nuit-là, lorsque je trouve enfin le sommeil, des cauchemars me tourmentent. Je patine loin derrière Jean Béliveau. Il ralentit pour me donner quelque espoir. Dès que je m'apprête à lui soutirer la rondelle, il me déjoue d'une feinte habile et rigole de ma déconfiture.

Les jours suivants, j'offre une fortune à ma sœur. Toujours, ma mère se mêle du marché et argumente que la carte de Jean Béliveau vaut beaucoup plus que cela.

Une semaine plus tard, en jouant contre le mur, à l'école, je gagne une autre carte de Jean Béliveau. Les coins en sont écornés, elle se démarque douloureusement parmi mes belles cartes neuves. Un peu plus tard, grâce à des échanges qui me coûtent cher, j'obtiens une nouvelle carte de Jean Béliveau un peu plus présentable. Enfin, une plus belle. Je l'ai tant méritée.

Au milieu de l'été suivant, un matin où elle met un peu d'ordre dans son tiroir, Mireille me lance :

— La veux-tu, ta carte, ou je la jette ?

Je la prends, bien sûr. C'est un trésor dévalué. Il n'a plus aucun intérêt sinon celui de s'élever au rang d'une règle : on ne se débarrasse jamais d'une carte de hockey, même quand on la possède en trois ou quatre exemplaires.

30

Retour à Ahuntsic

Alors même que ses frères trouvent une niche et s'installent dans la vie, Pauline réalise un de ses rêves les plus profonds : refaire le trajet du plateau Mont-Royal à Ahuntsic. Cette fois, en transportant ses pénates, c'est-à-dire nos affaires. Nous ne prenons pas un tramway, nous suivons le camion de déménagement dans le taxi de mon père.

Comment se fait-il que nous en soyons là ? Mon père a-t-il gagné un sweepstake, comme le père d'Hubert Lachapelle ? A-t-il emprunté à la banque ou à mon oncle Jean-Marcel ? A-t-il reçu un héritage ?

En réalité, il a abandonné son emploi de livreur, chez Pierre-Mercier inc., pour se consacrer au taxi. Propriétaire de sa voiture, il travaille un nombre d'heures épouvantable. Il n'avait plus le choix. Avec la naissance d'Olivier, il devenait nécessaire de vivre dans un logement plus grand. Nous ne pouvions plus nous entasser davantage.

Mes parents dénichent un deuxième étage, rue Cartier, à quelques pâtés de maisons de Jacques et de sa femme. Je partagerai une chambre avec Pierrot et Olivier, ma sœur dormira dans le double salon et mes parents dans une chambre à eux. La rue est assez nouvelle et très peu passante, ce sont des constructions récentes, des duplex, calmes, propres et tout. Entre deux maisons, on retrouve sporadiquement un terrain à vendre. Les mauvaises herbes y poussent, les roches aussi. De merveilleux terrains de jeux, des espaces

123

pour fouiner, pour jouer aux Indiens et aux cow-boys, édifier des forts de neige, l'hiver. À deux pas, il y a encore des suites de terrains vagues qui se métamorphosent en champs de baseball ou en cachettes pour fumer nos premières cigarettes. Plein de possibilités pour expérimenter, avec les copains et loin des yeux de nos mères, ce qui constituera la vraie vie.

Lors de notre déménagement à Ahuntsic sont apparus notre première télévision, une grosse Fleetwood en bois blond, et un *set* de salon. Parce que nous avions enfin les moyens d'avoir un salon. Chacun a choisi sa place au cœur des fauteuils neufs, accaparé par les émissions du petit écran.

Dans ma mémoire, cette époque, fertile en découvertes, se démarque par les interminables négociations qu'il m'a fallu mener. Habituellement, ces discussions avaient pour objet la télévision.

Négocier est peut-être le lot des aînés qui doivent créer des brèches. Pas facile. D'autant plus que je ne peux compter sur l'appui de mes frères et de ma sœur puisque les émissions qui m'intéressent les laissent indifférents. Ainsi au printemps, je dois me battre pour suivre les séries éliminatoires de la coupe Stanley. Avec mon âme de partisan, j'arrache la permission de regarder chaque match.

Après le souper, soit parce qu'Olivier pleure dans sa chaise haute, que je me chamaille avec Pierrot ou pour aucune raison valable, Pauline décrète :

— On est fatigués. Très fatigués ! Ce soir, tout le monde se couche à huit heures.

Huit heures ! L'heure à laquelle les affrontements débutent.

Ma mère entretenait une idée fixe : quand on veut quelque chose, il faut le mériter. Je devais le gagner par la discussion. Espérait-elle me stimuler, me communiquer son goût pour le débat ? Un goût qui, chez elle, se développait drôlement depuis que j'exprimais mes désirs. Attendait-elle que je la supplie ? Je n'ai jamais compris les raisons de cette attitude. Je sais, par contre, que cette phrase s'insinuait en moi comme un couteau qui fouille dans la chair.

— Tout le monde se couche à huit heures ? Maman !

Sans perdre une seconde, je lui rappelle que le Canadien joue ce soir. Je sors mes plus gros arguments : j'ai eu un bon examen de maths, j'ai réussi une dictée sans fautes, entre deux périodes, j'étudierai ma géographie et mon histoire du Canada. De cette façon, je m'avancerai.

Jusqu'au dernier moment, ma mère semble inébranlable.

J'avoue ne pas avoir manqué un seul match des séries éliminatoires. Mais ces foutues émissions, je les ai payées cher.

Pourtant, dans la maison, Pauline est celle qui s'intéresse le plus au hockey. Elle connaît le jeu. Quand elle est disponible, elle regarde la partie en succombant à de rares distractions. Elle a été élevée avec des garçons. Ce sport lui a procuré ses plus grandes sensations, les 24 et 25 mars 1936. Elle avait écouté le plus long match éliminatoire de l'histoire. Commencé à vingt heures, le 24 mars, il s'était terminé à deux heures vingt-cinq, le lendemain matin, par le but de Mud Bruneteau, au cours de la sixième période de surtemps. Les Red Wings de Détroit avaient battu les Maroons de Montréal par le score de 1 à 0. Depuis, les matchs serrés lui paraissent de la p'tite bière à côté de celui-là.

Lors d'une intermission, elle me demande — peut-être pour que je mérite vraiment le match que je regarde — d'aller lui chercher une Cherry Blossom et un Coca-Cola. Cela signifie : enfiler mon coupe-vent et foncer bravement, dans les rues désertes de la nuit, jusqu'au restaurant de la rue Fleury. Au risque de croiser une mouffette hargneuse, deux chats qui miaulent à la lune et sont pris l'un sur l'autre ou, pire, un inconnu… qui ne me remarquera même pas.

Les négociations les plus épiques se déroulent le mercredi soir, avant *La Lutte*. Encore une fois, je suis le seul intéressé par ces combats que décrit Michel Normandin. En plus de donner du mordant aux affrontements en les enrubannant d'un débit vocal et d'une diction uniques, cet homme baptise les différentes prises de noms loufoques. Pour assister à son spectacle, je dois faire preuve d'une verve aussi aguerrie.

Je n'ai jamais manqué une soirée de lutte.

Que fabrique mon père pendant ces incessants débats ? Il n'est pas là. Il fait du taxi jusque tard dans la nuit pour payer le loyer, le *set* de salon et la télévision.

Louis travaille plus qu'autrefois. Parfois il n'a plus de souffle. Il rentre à des heures impossibles, se lève tôt. Il est son patron. Un patron qui a constaté qu'il est préférable de ne pas avoir d'employés. Dans le taxi, plusieurs propriétaires de véhicule travaillent un quart. Le soir ou la nuit, ils engagent un autre chauffeur. Pas mon père. Lui, il fait des journées de quinze ou vingt heures quand il le faut. S'il a besoin de cent dollars, il n'abandonne pas son volant avant de les avoir en poche.

Sa santé pourrait craquer. Pas chez mon père. C'est sa voiture qui l'abandonne. Le radiateur se met à chauffer. Il s'y forme une espèce de mélasse. Bientôt, il passe plus de temps au garage que dans les rues de Montréal. L'argent ne rentre pas.

Quelques jours avant Noël, nous recevons des boîtes de victuailles. Ce ne sont pas des paniers de Noël offerts par un organisme. C'est Jean-Marcel qui donne, celui-là même qui prête des dollars à mon père quand il est dans le besoin.

Un jour, Louis en a assez. Il vend son permis. Pour son malheur, il le fait sans en parler à Pauline.

Chez nous, comme dans plusieurs foyers, mon père donnait son enveloppe de paye à ma mère. Lorsqu'il a laissé son boulot régulier, ma mère a continué à faire les comptes.

Pour Pauline, la vente-surprise du taxi constitue une trahison.

Mon père raconte que le garagiste du coin lui a proposé de s'associer à lui en investissant son argent dans ce commerce. Pauline, qui se méfie du pape, est certaine que cet homme n'a pas su réparer la Plymouth 1956 de Louis pour en arriver là.

— Il sait qu'il tient un maudit bon poisson. Tu vas te faire rouler.

Ce garage duquel mon père devient actionnaire est un gouffre. La somme qu'il a obtenue en vendant son taxi y passe sans même qu'il ait les preuves écrites de ses investissements.

Les rêves sont fragiles. Pauline et Louis devront chercher fortune ailleurs. Ce qui signifie quitter Ahuntsic, pour la plus grande douleur de ma mère.

31

Les dimanches

En 1956, Marie commence à enseigner. Il ne reste plus à la maison que Guy, Anna et elle. Les autres sont dispersés et gagnent assez bien leur vie, à l'exception de mes parents qui se débrouillent au jour le jour. Ma grand-mère peut déménager. Le logement de la rue Christophe-Colomb, un troisième avec balcon entre Mont-Royal et Marie-Anne, est plus convenable et moderne que le rez-de-chaussée de la rue Boyer. Il y a l'eau chaude dans la salle de bains, la lumière pénètre par de grandes fenêtres en avant comme en arrière. Le jour du déménagement apparaît Yvette Cloutier, l'amie dont Marie parlait depuis longtemps. À l'exception de ma sœur, qui avait séjourné chez ses parents, on ne l'avait qu'entrevue jusque-là. Elle vient aider. Désormais, elle fera partie de la famille.

L'éparpillement des Deneault entraîne un besoin, celui de se rassembler au moins une fois par semaine. Le souper du dimanche soir devient une tradition. Toute invitation est inutile, il suffit de s'amener « chez maman », comme disent mes oncles.

Au début, Anna préparera un repas : une soupe, du rosbif, un gâteau. Un jour, un de mes oncles suggérera que tous partagent les coûts en faisant venir des mets chinois. Ma mère acceptera d'abord de mauvais gré ; puis, elle s'habituera à ces plats sucrés que la famille apprécie. Pour Pauline, rien ne peut être bon si cela n'a été approuvé par le clan. Ce sont les dimanches soir que s'étalent les découvertes de chacun : un restaurant à fréquenter ou, plus tard, un endroit où passer des vacances. Ma mère, prisonnière de ses occupations, ne sort presque plus. Elle ne regrette pas les voyages qu'elle ne fait pas. Par contre, elle aime se faire raconter ce que vit Jean-Marcel lors de ses déplacements un peu partout en Amérique ou une anecdote que Julien a rapportée d'Europe. Elle voyage à sa manière, en complicité familiale.

Après le repas, rassemblés devant le gros téléviseur Admiral, nous regardons ce que le Québec regarde : *Music-hall*, une émission de variétés où chacun trouve son compte. Invariablement, ma mère émet une critique concernant la tenue de l'animatrice, Michelle Tisseyre qui, les épaules nues, porte une robe pailletée et de longs gants. Un autre monde. Impression qui se confirme quand elle accueille un chanteur français, Georges Guétary ou Jean Sablon, qui, plié en deux, lui donne du baisemain.

— Il est fou, glousse ma mère pour masquer son excitation.

Un violoniste ou une chanteuse classique se présente, c'est Anna qui est en émoi. La moindre sérénade la berce.

Nous, les enfants, ce que nous attendons avec impatience, ce sont les magiciens, les acrobates, les dompteurs de chiens ou les comiques, tels Olivier Guimond, Denis Drouin ou Gilles Pellerin.

Les danseurs ennuient tout le monde puisque c'est souvent pendant leurs numéros qu'un de mes oncles s'éclipse avec sa femme ou qu'une conversation plus animée reprend.

Combien de fois dans ce bonheur de partager une soirée ai-je ressenti la petite inquiétude d'un devoir pas fait ou de leçons non encore apprises ?

Pensionnaire au collège, quelques années plus tard, ces soirées me manqueront. Le départ de la famille, après quelques heures de parloir, me pincera le cœur. Ma mère, pressée, se lèvera la première.

— On va arriver trop tard. Maman n'aime pas ça.

Mimi, Pierrot et le petit Olivier suivront mes parents. Je les accompagnerai vers la voiture. J'imaginerai la route, l'arrivée chez ma grand-mère, le repas, les discussions.

Ce que j'ai pu détester les dimanches soir d'alors, les vêpres, le dortoir de l'ennui.

32

La rivière n'en finit pas de couler

Anna monte l'escalier. Elle accède à la mezzanine.

Personne ne se glisse avec autant de douceur entre les lambeaux de la nuit. Alors même qu'un membre de sa tribu se bat avec un dernier cauchemar ou s'acharne à rester blotti dans la chaleur, elle se faufile telle une ombre discrète. Anna ne réveille que celui qui est concerné. Elle chuchote à l'oreille de Guy. Mon oncle déplie son corps maigre dans l'obscurité. Quelques minutes plus tard, il frissonnera dans le matin brumeux. Il doit se rendre rue Ontario, à Montréal. Où pêche-t-il le courage de quitter le chalet au soleil levant et de retourner dans le bruit des machines qui fabriquent les souliers ? Un peu plus tard, Anna pousse doucement le bras de Julien. Il doit se lever, aller dire sa messe. Moi, je suis couché un peu plus loin. Dans mon cas, rien ne presse, je peux dormir. Pourtant, l'odeur du café m'enivre.

Chaque fois, Anna redescend, retourne dans la cuisine à la préparation des choses essentielles : le feu, le café, les toasts. Seuls les sons que les choses produisent par elles-mêmes lui échappent. Elle nous remet au monde, nous réconcilie avec la vie.

Ici, chacun a besoin d'Anna comme chacun est heureux de retrouver l'été. Un autre été.

L'ouverture du chalet demeure un cérémonial excitant. Nous arrivons au bout du chemin, le chalet est endormi, boudeur. Autour de lui, le gazon a commencé à pousser,

133

anarchique. À peine plus bas, la rivière nous attend, nue, sale avec ses eaux brunâtres et ses branches d'arbre, ses joncs morts qui recouvrent la rive. Il faudra nettoyer avant d'installer le quai et, plus loin, le radeau. Pour le moment, c'est le cœur qui compte, le chalet où nous logerons encore.

Julien ouvre la porte. Une odeur de renfermé prouve que rien n'a bougé. Guy branche le courant électrique. Après avoir réactivé la pompe à eau, mes deux oncles retirent les panneaux de bois recouvrant chaque fenêtre. Je les aide, fournis un marteau, un tournevis. D'une année à l'autre, j'ai l'impression que je vais découvrir un trésor.

Pendant ce temps, Marie nettoie la toilette qui n'a pourtant pas servi de l'hiver. Ma grand-mère s'occupe du frigo et du poêle de fonte, ce mastodonte qui trône dans la cuisine. Elle partira à la chasse aux toiles d'araignée, le bout de sa vadrouille recouvert d'un tissu. Elle monte à la mezzanine, fouille partout. Ma tante lave les vitres. L'aspirateur vitupère. Je m'absente en douce, histoire de vérifier si les framboisiers sauvages se bagarrent encore le long du chemin, leurs branches épineuses en chamaille. Comme d'habitude, ils ont l'air de ne rien promettre. Je ne suis pas dupe, je sais ce qu'ils donneront.

En un samedi de mai, le chalet est ressuscité.

Les dimanches, il se remplira encore. Nous nous baignerons. Mon oncle Julien nous amènera dans son nouveau canot à moteur. Nous ferons rôtir des poulets sur le charbon de bois. Avec mon oncle Guy, j'irai chercher le gros sac de frites chez Émile qui, le long de la route asphaltée, passe les beaux jours dans une camionnette transformée en un « stand à patates ». Le soir, les adultes joueront aux fers ou ils se joindront aux plus jeunes pour un super match de softball avec un gros bâton de plastique. Une fois la noirceur tombée, ils s'installeront autour de la grande table pour une partie de cartes; pour nous, les enfants, il y aura le Monopoly, le Mille-Bornes, le parchési ou les billes chinoises.

Les étés, le chalet de ma grand-mère devient le centre du monde, le repaire du clan. J'y passerai de nombreuses semaines sous l'œil et l'aile d'Anna.

Sur le pick-up de la grande pièce du bas, Marie place des disques de Félix Leclerc. J'ignore si j'aimais Félix Leclerc à cette époque. Il me semblait déjà vieux. J'ai su plus tard que j'avais retenu la plupart de ses chansons. Et comme les crapauds de son *Hymne au printemps*, le temps chaud ravive mon envie de me promener en chaloupe sur la rivière, parmi les joncs, en goûtant cette espèce de liberté.

Quand Julien revient de sa messe, il donne une couleur à la journée. Il trouve toujours quelque chose à faire.

D'un hiver à l'autre, dans l'atelier au sous-sol du Collège de l'Assomption, il construit un nouveau bateau. Il vend l'ancien à Hubert Lachapelle qui possède une île à une quinzaine de minutes de navigation du chalet. L'avènement de la fibre de verre lui permet d'améliorer ses embarcations. Il achète un moteur Evinrude 25 forces… puis 35 forces. Parce qu'il s'est épris d'un autre sport qu'il pratique avec l'adresse d'un champion : le ski nautique.

Il m'apprend à nager. Un après-midi, nous sommes tous les deux sur le radeau. Il m'invite à sauter à l'eau.

— De ce côté-là, ajoute-t-il en m'indiquant la direction de la rive, c'est moins profond.

Je me lance à l'aventure. Il a raison, l'eau n'est pas profonde. Je le constate lorsque mes pieds touchent la vase du lit de la rivière. C'est dégueulasse (mot que nous connaissons depuis son retour de France) ! Je n'ai pas le choix, je me débats, je nage jusqu'au radeau. Et je ne demande plus qu'une chose : recommencer.

Julien m'emmène sur les terrains de golf. Particulièrement celui de Sainte-Dorothée où je traîne ses bâtons. Tous les jours, il arpente un dix-huit trous. Ses adversaires sont souvent des joueurs de hockey. Je suis obnubilé. À la fin du parcours, il me tend son putter et me fait essayer des coups roulés. Il m'explique comment frapper la balle, à quoi servent les différents bâtons.

Avant de talonner mon oncle Julien, j'ai eu un compagnon imaginaire. Il m'accompagnait partout dans mes randonnées qui pourtant ne s'éloignaient pas du chalet. Avec lui, je dialoguais. D'un commun accord, nous inventions des ennemis, nous marchions en faisant les durs, nous vivions de véritables films policiers.

Je n'étais pas un fanatique des cow-boys, auxquels je préférais d'ailleurs les Indiens ombrageux. Je n'aimais pas non plus les histoires de guerre, trop touffues à mon sens. Non, j'étais détective.

Je montais dans la voiture de mon oncle, vieille Pontiac noire, qu'un garagiste lui avait prêtée pour qu'il fasse son ministère d'été. Je conversais avec mon acolyte invisible. J'échafaudais des plans. Il les approuvait ou les enrichissait. Parfois il me libérait d'une mauvaise posture, souvent, je lui sauvais la vie. Nous étions complices comme personne. Je l'appelais Jo ou Jerry, qu'importe, ce n'était pas loin du Je. La plupart du temps, je parlais d'une voix lente. Jamais je n'ai senti le moindre regard de ma grand-mère pouvant contester l'existence de mon compagnon. Je m'inventais un jeu. Pendant ce temps-là, j'étais tranquille. Comme toujours. Et c'était bien.

J'apprends à rouler à bicyclette sur de gros vélos de fille que j'ai la permission d'emprunter dans le garage du propriétaire. Je prends des risques sur le chemin de gravier. Quand je m'érafle un genou, je me console en gobant quelques framboises.

Avec le temps, mes séjours au bord de la rivière raccourcissent. J'ai onze ans, Anna me reçoit pendant deux semaines. À douze ans, je travaille comme livreur à l'épicerie de mes parents, je ne passe plus qu'une semaine au chalet. En apparaissant dans le décor, Yvette Cloutier, l'amie de Marie, a pris mon lit sur la mezzanine, ma place à la table. Elle entretient des complicités avec Julien, Guy. Elle possède une voiture et transporte ma tante et ma grand-mère où elles le veulent.

Je reviens au chalet d'Anna en deux occasions spécifiques : lors de la retraite fermée annuelle de Marie et la semaine où mes oncles, Yvette et ma tante déguerpissent à Old Orchard Beach, dans le Maine. Ma grand-mère refuse d'y aller. Je la rejoins au chalet. Nous sommes seuls. Elle me gâte.

Lorsque les autres réapparaissent, ils ont des coups de soleil et rapportent des homards.

* * *

Certains dimanches sont plus éclatants que les autres. Lorsque Lolo s'amène, par exemple. La partie de cartes commence au cœur de l'après-midi.

Le bonheur de ma mère quand elle reçoit ses cartes. D'un œil brillant, elle évalue rapidement son jeu en le disposant en éventail devant sa poitrine. Elle tire sur sa cigarette, s'affaire à ne dévoiler aucune émotion, défie un à un les joueurs. Elle tente de deviner les jeux des autres.

Quand elle remporte une mise, ses prunelles pétillent.

Satisfaite, elle tire encore une longue bouffée de sa cigarette. Rien ne la rend plus heureuse que ces occasions où elle succombe aux tentations du hasard.

Le rire de Lolo dans la chaleur de l'après-midi. Il se transforme en toux. Il chevauche ses blagues. Elle connaît une foule d'histoires qui semblent très drôles, dont nous, les jeunes, ne saisissons pas toujours le sens.

Un jour, elle annonce qu'elle se marie. Et le fait. Épousailles-surprises qui étonnent la famille. On chuchote que l'élu, un homme tout maigre dont la mère vient de mourir, a réussi à mettre la patte sur des seins plus accueillants. Il boite et porte un appareil à une jambe. À cinquante ans, il plonge dans une vie nouvelle, plus exactement sexuelle. Il a décidé de s'en gaver. Malheureusement, Lolo a voulu l'épouser parce qu'elle sentait le besoin de se reposer. Pas de chance !

Et puis il y a les dimanches où les confrères de collège de Julien lui rendent visite avec femme et enfants. Ces soirs-là, pas de cartes. La soirée se métamorphose en une veillée de chansons. Tubert, qui vient faire un tour, souffle dans son harmonica. *Là-haut sur la montagne, Papa pique et maman coud*, des succès de Trenet et des chants scouts se mêlent à la nuit.

* * *

Le clou de tous les dimanches reste la visite à l'île de Tubert. Il s'agit d'un îlot entouré de roches. C'est là qu'Hubert Lachapelle, dès la fin de l'hiver, passe ses week-ends et ses vacances d'été. Il y couche certains soirs de semaine, quand la chaleur de Montréal est insupportable. Sur l'île se dresse un chalet allemand hexagonal. La pièce centrale donne sur une cuisine, une salle à manger et deux chambres.

Tubert y entasse des souvenirs : une assiette de métal que mon oncle Julien a rapportée d'Espagne, un vieux tourne-disque à manivelle toujours fonctionnel. Ici, comme dans sa chambre de Montréal, tout paraît minuscule et est disposé avec minutie. Il s'éclaire avec des lampes à huile. Un petit frigo au gaz naturel conserve ses aliments. Une grosse bombonne fournit aussi une cuisinière où il fait réchauffer ses boîtes de conserve.

Nous accostons à son quai, dans l'embarcation de Julien, en plein cœur d'un dimanche après-midi. Pour un gamin, cette balade comporte sa part d'aventures. Le chemin ne varie jamais. Mais il y a là quelque chose de merveilleux. Ma tête fonctionne à vive allure. J'imagine les Indiens, leurs canots glissant sur l'eau de la rivière.

Ce lieu mythique de mon enfance, comprenant cette portion de la rivière des Mille-Îles et ces terres avoisinant Sainte-Rose, appelées l'île Jésus, empruntera d'autres noms au fil des années : Fabreville, puis Laval, en se regroupant avec plusieurs municipalités. Si j'en conserve le souvenir ému de moments merveilleux, je ne suis pas le seul à avoir subi cet ensorcellement. Dès le début des années 1960, profitant de la facilité d'accès qu'offrait la nouvelle autoroute des Laurentides, Jean-Marcel y a installé sa petite famille. En 1964, Jacques l'a imité, puis Marie et ma grand-mère.

De son côté, Marc-Aurèle Fortin, le peintre, n'avait pas prévu que l'urbanisation le rejoindrait aussi facilement. La belle maison de pierres qu'il s'était procurée, à l'été de 1948, sera expropriée quelques années plus tard parce qu'elle se trouvait à l'endroit exact où devait passer la fameuse autoroute. Dans son déménagement, il perdra quelque deux cents tableaux.

33

Le collège

1960. L'Assomption. Le collège. Julien y enseigne, j'y serai pensionnaire, élève du cours classique, comme les enfants choyés, triés sur le volet. Pourtant, mes parents en arrachent. Ils se désâment dans la petite épicerie qu'ils viennent d'acheter, rue Saint-Hubert, dans le quartier Villeray.

Fin août, un matin, Jean-Marcel nous prend dans sa voiture, ma mère et moi, et nous dépose à la porte du magasin Sauvé Frères. Il glisse deux billets de cent dollars dans la main de Pauline. Il veut faire sa part. Discrètement.

Le soir de la rentrée, en regardant partir la voiture de mon père, je sais que quelque chose se brise. Je devrai me débrouiller avec ma solitude, sans la tendresse avenante d'Anna et l'orgueil nerveux de Pauline. La vie ne sera plus comme avant.

Malgré mon éloignement, Anna demeure mon ange gardien. À sa manière. Elle s'occupe de mon lavage, ma mère étant trop prise par l'épicerie. Le vendredi matin, je dois porter ma poche de linge sale dans le casier de mon oncle, à l'autre bout du collège. Le lundi, je récupère mon linge propre. Parmi les chemises, les sous-vêtements et les bas, je découvre des surprises : quelques tablettes de chocolat, un billet de deux dollars.

Depuis que Jean-Marcel et Jacques ont des enfants, Anna doit se méfier de ses sentiments, cacher qu'elle pourrait me préférer aux autres. L'âge ingrat m'étire les bras, les jambes, me donne des boutons. Je n'ai plus l'attrait de l'enfance. Je suis le trop vieux. Anna m'échappe. En me transformant, je lui échappe. Désormais, elle agit avec moi de la même façon que Jean-Marcel donne. En cachette.

Mes deux années de collège ont été plutôt moches. Est-ce une phobie ? J'ai la certitude de ne pas avoir comblé les attentes de la famille. Je n'ai pas réussi d'une manière étincelante. Il y a surtout que je n'avais pas envie de me forcer. Je me sentais loin, perdu. Je passais plus de temps à planifier des tactiques de football, l'automne, à organiser des matchs de hockey, l'hiver, ou de baseball, au début de l'été. La médecine ou le droit, la formation qu'il fallait subir pour parvenir à ces « sommets », qu'aucun de mes oncles n'avait eu la possibilité d'atteindre, ne me tentaient pas. Je rêvassais à autre chose, c'était très flou. J'ai dû décevoir Anna. Elle ne me l'a jamais révélé.

On nous enseignait la poésie, à travers des textes édifiants. Il y avait, entre autres, ce poème d'Émile Nelligan, *Devant deux portraits de ma mère*. Pour moi, il ne signifiait rien, ne représentait pas ma mère. Je n'y détectais pas ce que Pauline était, ni ce qu'elle m'inspirait.

Dans un livre intitulé *La Seule Aventure*, qui devait m'apprendre à devenir un homme, je lisais qu'il fallait respecter les filles parce qu'elles étaient à l'image de notre mère. Moi, je ressentais le goût de toucher les filles que je trouvais belles, de les découvrir, de les voir nues, de les embrasser, de les parcourir, de me barbouiller de leur parfum, de leur tendresse... de dormir avec elles.

Il paraît que nous cherchons en chaque femme aimée notre mère. J'ai plutôt cherché une autre Anna. Une complice.

34

Les billets de hockey

J'ai congé pour Pâques. En ce Samedi saint de 1961, je regarde un match de la finale entre les Blackhawks de Chicago et les Red Wings de Détroit. La rencontre est diffusée en après-midi. Pendant ce temps, à l'épicerie, c'est l'heure la plus achalandée. Moi, je suis écrasé devant la télé.

Ma mère achète des billets de hockey qui n'ont rien à voir avec les sièges du Forum. C'est une sorte de loterie illégale, mais fort répandue. Sur chacun des billets, qui coûtent vingt-cinq sous, un temps est imprimé en minutes (entre 0 et 19, soit les vingt minutes d'une période) et en secondes. Par exemple : « 8 min 26 s ». Si le dernier but est compté à la minute et à la seconde précise, le gagnant empoche 100 $. Il y a aussi des lots pour les détenteurs de la seconde précédente, de la seconde qui suit, de la dernière punition, des autres buts, etc.

En suivant le match, j'ai pour mission d'écrire le temps des buts. Quand elle travaille, comme en ce samedi après-midi, Pauline passe régulièrement dans notre petit logement adjacent à l'épicerie et me demande s'il y a but... et surtout :

— À combien ?

Elle compte sur moi pour lui rapporter les faits. Si les belles performances des joueurs l'intéressent parfois, ce qui la préoccupe, c'est le temps des buts.

En ce samedi après-midi, cette foutue loterie me plonge dans un dilemme.

Je souhaite que les Red Wings de Détroit remportent la Coupe. Voilà qu'au tout début du troisième engagement, Stan Mikita marque un but qui procure l'avance aux Blackhawks 2 à 1. Je note le temps du but.

Quelques instants plus tard, ma mère me questionne en passant :

— À combien le dernier but ?

— 1 minute 21 secondes.

— Pas vrai ?

— Je te le dis !

Elle sort un de ses billets et me le brandit sous le nez. Une minute vingt et une secondes ! Elle tient le billet gagnant. Les yeux brillants, elle en tremble. S'il n'y a pas d'autres buts, elle touchera le lot de 100 $.

Comment réagir quand votre équipe tire de l'arrière par la marge d'un but et que, si elle compte ce fameux but, elle fait perdre une petite fortune à votre mère ? Drame cornélien ! Cent dollars, pour elle et mon père, c'est une grosse semaine de travail, c'est deux fois le loyer du mois, c'est une chance de souffler, de rembourser quelques dettes, de voir clair. Et moi, le collégien qui ne s'éreinte pas aux études, je profite de l'après-midi pour suivre un match de hockey alors que Louis et Pauline travaillent. J'ai l'air d'un sans-cœur. Aux yeux de mon père, surtout, qui en devenant propriétaire de ce commerce, espérait en faire une entreprise familiale, que chacun mette la main à la pâte. Le moindre congé devient trahison.

Je ne sais plus de quel côté pousser. Les Hawks tiennent le coup. Le score demeure 2 à 1. Ma mère célèbre l'événement par une petite danse aussi gauche qu'euphorique. C'est sa manifestation de victoire, les pas d'une gagnante.

La même danse qu'elle a effectuée quelques dizaines de fois, deux ans plus tôt lorsque son frère, Guy, a dû faire opérer la cavité de son orbite pour être en mesure de recevoir un œil de verre. C'était coûteux, il a mis sur pied une loterie semblable, l'affaire d'un match.

Toute la famille s'est réunie chez ma grand-mère. Nous avons regardé la rencontre ensemble, solidaires, notant le temps des buts, des punitions, tout. À la fin du match, nous avons pu vérifier les billets qui n'avaient pas été vendus. Ma mère était la plus rapide. L'œil brillant, elle sautillait dès qu'elle touchait un billet gagnant. Comme si c'était elle qui avait remporté le lot.

35

Tempêtes à l'épicerie

Ma mère travaille.

Derrière le comptoir où la caisse enregistreuse ne crépite pas assez à son goût, elle jette sur les deux minuscules allées du petit commerce un regard de patronne.

Depuis que mes parents sont devenus propriétaires de l'épicerie, Pauline s'évertue à démontrer son indépendance. Comme si elle pouvait mener l'entreprise toute seule. Parfois, elle donne même l'impression qu'elle pourrait vivre sans nous. Suis-je plus conscient de la situation parce que je deviens adolescent ? Ou parce que mon père a troqué ce qu'il aimait, ses autobus, camions et taxis, contre le bateau de la Molson et qu'il navigue mal ? La vie se déroule trop vite pour lui, l'éclabousse. Il en perd le goût. Pendant qu'il essaie de se noyer, Pauline rame, Pauline fonce. Elle contrôle les commandes à loger auprès des grossistes. Elle calcule les prix qui figurent sur les boîtes de conserve. Elle compte l'argent des dépôts quotidiens. S'il faut déposer tous les jours, c'est loin d'être parce qu'ils ne veulent pas conserver une trop grosse somme liquide. Au contraire, du liquide, ils en ont peu. Les sous manquent terriblement. De jour en jour, il faut faire des paiements, couvrir les chèques, le compte bancaire du commerce vacillant autour de zéro.

Ma décision de revenir à la maison après deux ans de pensionnat les a soulagés. À regret, bien sûr. Nous avons déménagé dans un logement plus grand, rue Saint-André. Pour rejoindre l'épicerie, il suffit de traverser la ruelle. Une distance trop grande pour mon père. Il ne peut plus ouvrir une porte et crier à l'aide quand il se sent envahi par deux ou trois clients. Il multiplie les bêtises, reproche à Pauline d'appeler sa mère aux heures de pointe. Nous savons tous que le début de l'après-midi est une période tranquille. Louis exagère. Il fait parfois des remontrances aux clients qui demandent un produit qu'il ne tient pas. Ma mère tente tant bien que mal de réparer les pots cassés.

Dans mon lit, j'entends leurs conversations. Il est toujours question d'argent, de l'urgence d'en trouver. Ils pataugent dans l'immédiat, s'y accrochent. Mon père regrette l'époque du taxi. Avec une épicerie, il est sédentaire. Il ne peut plus travailler jusqu'à ce qu'il ait gagné l'argent dont il a besoin. Il navigue dans les tempêtes qu'il invente, grossières, délirantes.

Ses crises suivent un scénario prévisible. Après la fermeture de l'épicerie, lorsqu'il ne se présente pas au souper, c'est qu'il boit, seul ou avec un pompiste du garage du coin, son complice habituel. Nous mangeons. Quand il arrive, deux heures plus tard, il cherche un sujet pour houspiller l'un d'entre nous. Louis vit la pire période de sa vie. Il gâche la nôtre. Sa cible préférée : ma mère. Après deux répliques, la guerre est engagée. Mon père crie. Il reproche à Pauline de le tromper. L'été, ma mère ferme les fenêtres. Louis les ouvre aussitôt, plus grandes. Il tient à ce que tous les voisins soient témoins de ses malheurs. Il hurle : ses enfants sont des paresseux, des sans-cœur, des lâches ; sa femme est une dévergondée. Pauline le frappe, il ne se défend même pas. S'il lève la main, elle le menace de montrer à tous l'oreiller taché de sang qu'elle conserve dans une boîte secrète.

— Ça sera une preuve.

Je l'ai déjà entendue en parler à Anna. Elle pleurait au téléphone. Le lendemain d'une de ces terribles tempêtes, Pauline m'a avoué que mon père l'avait battue, une nuit. Elle était enceinte de Pierrot. Depuis, il n'avait plus osé la toucher. Elle, par contre, accusée injustement, elle ne pouvait pas résister au besoin de cogner.

Quand aurait-elle le temps de minoucher un amant ? Où pourrait-elle se cacher ?

— Les voisins savent que ce n'est pas vrai, maman.

— Ils peuvent le croire.

— Ils le connaissent, voyons.

— C'est pour ça qu'ils viennent de moins en moins nombreux. Ton père est en train de vider son commerce.

À l'épicerie, Pauline se métamorphose en Louis de Funès, celui du *Grand Restaurant*. Elle se spécialise dans les changements d'humeur radicaux. Si cette attitude me semble nouvelle, c'est peut-être parce que je ne l'ai jamais connue autrement que parmi sa famille. Dans le commerce, elle sourit, prête l'oreille aux blagues des clients, écoute ceux ou celles qui s'épanchent. Elle est compatissante, attentive, efficace. Dès qu'ils passent la porte, elle peut reprendre une colère ou une inquiétude qui la tiraillait cinq minutes plus tôt.

Le monde change, les Deneault comme les autres. Jean-Marcel devient un homme d'affaires, il est le meilleur représentant chez Aird and Son, il se propose d'ouvrir un magasin de chaussures. Julien et Marie enseignent.

Le vendredi, en fin d'après-midi, les frères de ma mère viennent ramasser leurs commandes. Ils sont des clients de passage. C'est ainsi qu'ils encouragent mes parents.

Jacques, qui vient de se faire construire à Fabreville, sur le terrain voisin de la maison de Marie et Anna, semble toujours pressé. Il doit appeler quelqu'un. Il accapare le téléphone de l'épicerie. Mon père affirme qu'il parle anglais avec un accent juif. Et il a raison. Dans la fourrure, Jacques a compris que, s'il veut gagner de l'argent, il est préférable de travailler avec et pour les Juifs. Bientôt, il fait finir son sous-sol qui devient un atelier. Sur de longues tables, il étale les peaux, les coupe, les coud. L'inquiétude le ronge, il a peur de se faire voler. Sarcastique, ma mère raconte qu'il a une fortune sous son matelas. Il est vrai que sa clientèle est riche, infiniment plus riche que celle qui fréquente notre épicerie. Il peut cacher de l'argent et, selon Pauline, il en amasse beaucoup. Il se démène pendant la période qui précède les fêtes. Il arrive à Noël crevé, le tour des yeux rouge, aveuglé par la fumée de la cigarette qu'il tient entre ses dents.

Jacques craint donc les cambrioleurs, les incendies, la maladie. Il ose à peine quitter sa maison pour aller travailler ailleurs ou livrer ses manteaux de fourrure. Pour son plus grand malheur, il perd son fils aîné, un petit garçon de sept ans. Cancer, le mal de la famille. À sept ans, c'est absurde.

De son côté, Guy traîne la patte. Il fait des blagues, raconte des histoires salées, mais il n'avance pas… du moins, dans le sens où la famille se développe.

Nous, les Lafontaine, nous vieillissons aussi. Olivier commence l'école. Mimi, studieuse, ne sort pas beaucoup. Elle s'occupe de notre petit frère, comble les longues absences de Pauline. Pierrot patauge dans sa première année de secondaire.

Depuis que j'ai quitté le collège, j'ai le mal des filles. Ma mère, comme si elle était une spécialiste en la matière, multiplie les conseils. Ses discours feraient frémir les féministes qui commencent à militer. Elle dit que la plupart des filles ne sont pas propres. Lorsqu'on a une relation avec une femme, il faut se méfier de deux choses : veiller à ce qu'elle ne tombe pas enceinte, et ne pas attraper de maladies. Les femmes sont des porteuses de maladies.

— La syphilis en a fait mourir plus d'un.

— Qui, maman ?

— J'en ai connu.

Ma mère prône la continence. Elle ne parle d'ailleurs jamais de sa propre vie sexuelle. De mon lit, j'entends tout. Les rares fois où mon père tente un geste pour se rapprocher d'elle, elle lui reproche de boire.

Au moment où mes premières pulsions sexuelles me te-
naillent, je constate que le sujet ne semble pas perturber les
autres membres de la tribu Deneault. Jean-Marcel et sa
femme demeurent discrets. Julien, on n'en parle pas. Jacques
est affublé, selon mon oncle Guy, d'un membre colossal qui
l'empêche d'avoir des relations normales. Et lui, mon oncle
de la manufacture, il possède un assortiment de blagues et de
bouts de chansons qu'il se plaît à étaler devant nous, malgré
le regard en biais de Marie, toujours célibataire.

Pour ma mère, les relations sexuelles restent une obses-
sion d'hommes. Une femme qui pense au sexe est inévita-
blement une vicieuse.

Il y a pire que la sexualité. Les sentiments ! Premier prin-
cipe paulinien : Ne jamais avouer que l'on aime. En le faisant, on se place en position de faiblesse. L'autre peut profiter de cet amour et vous déchirer. Elle-même affiche une
indépendance farouche vis-à-vis de Louis. Si elle l'a aimé,
un jour, c'était une erreur passagère, avoue-t-elle sans pu-
deur.

Notre vie de famille s'effiloche. Les dimanches, nous allons toujours chez Anna où nos petits cousins et cousines,
une autre génération par rapport à nous, prennent une place
importante. Dans notre propre maison et à l'épicerie, ça ne
vole pas très haut. En vieillissant, je fuis ces lieux dès que je
le peux.

Si Louis navigue de plus en plus mal, Pauline est une
mouette estropiée, perchée sur le mât du navire qui prend
l'eau et consciente d'avoir atteint le point de non-retour.

Nos découvertes la fascinent moins que lorsque nous
étions enfants. Grâce à Marie, je peux me procurer à bon
prix une machine à écrire d'occasion. Cinquante dollars que
j'ai gagnés en travaillant chez Sauvé Frères.

Tous les soirs, enfermé dans la chambre, une pièce et de-
mie que je partage avec mes deux frères, je tape comme un
sourd. Alors Pauline lance le type de commentaire qui lui
ressemble tellement :

— J'ai un cousin qui s'est mis à écrire. Il n'arrêtait plus. Il est devenu fou. On l'a fait enfermer.

J'imagine un clone d'Émile Nelligan, un poète maudit par sa famille.

— Où avez-vous mis les pages qu'il a écrites ?

— Imagines-tu qu'on était pour garder ça ? Ça a pris le bord des vidanges.

Pourtant, comment oublier que, certains soirs, aux temps les plus pénibles de la petite épicerie de la rue Saint-Hubert, nous pouvions vivre des instants fous, chaleureux ? Du bonheur.

Ainsi, un été, mon père a pris une semaine de congé. En compagnie d'Olivier, il est parti chez son frère, à Saint-Cuthbert.

Comment expliquer cette espèce de libération des soirées ? Nous regardions des films jusqu'aux petites heures du matin sans que Louis nous reproche quoi que ce soit. J'ai en mémoire une série d'aventures de Lemmy Caution, joué par Eddie Constantine. En nous couchant, vers une heure du matin, nous nous lancions, en imitant l'accent anglais du comédien, des répliques d'un bout à l'autre du logement. Pauline, autant que Pierrot, Mimi et moi. Ma mère devenait l'adolescente qu'elle n'avait jamais été. Une des nôtres.

Le matin, je me levais aussi tôt qu'à l'accoutumée et je remplaçais mon père derrière le comptoir à viande.

36

Le petit tremblement de terre

À l'été 1964, j'ai les cheveux presque longs, un peu de barbe. Je néglige mes études. Je fréquente des repaires qui poussent un peu partout. Ce sont des cafés aux noms barbouillés : L'Araignée, La Nausée, La Catastrophe, Le Purgatoire, Le café Piaf. Ils ont des murs foncés, des tables et des chaises, des lampions et d'épaisses draperies qui masquent les fenêtres. Ce sont des bocaux étroits où l'on conserve la nuit même en plein jour. C'est là que j'épuise mes heures de liberté. La faune qui y séjourne ne danse pas le rock. Certains jeunes ont d'autres préoccupations. Dans la fumée de nos cigarettes, nous tissons des complicités et réinventons le monde. L'hiver, nous portons des jeans de velours côtelé, de chauds chandails à col roulé noirs. L'été, nous donnons congé à nos orteils dans des sandales.

Quand arrivent les fins de semaine, ces lieux de rassemblements changent de peau. Ils deviennent des boîtes à chanson où nous nous entassons. Les sous-sols d'église les imitent. Ici, le fameux rock des Pepsis n'est pas de mise, nous nous enorgueillissons d'écouter des chansons qui disent quelque chose.

Je m'achète une guitare. Guitare classique aux cordes en nylon, pareille à celles que grattent les chansonniers dans les boîtes à chanson.

Ce monde imite grossièrement le Saint-Germain-des-Prés de l'après-guerre. Il surprend les Deneault qui se méfient de tout ce qui peut ressembler à des sociétés secrètes.

Un dimanche, fier de ma nouvelle acquisition, je l'apporte au chalet de ma grand-mère.

— Qu'est-ce que tu vas faire avec ça? questionne Pauline en montant dans la voiture.

Elle me regarde comme si je m'apprêtais à introduire un virus dans la tranquillité d'un dimanche.

— Me baigner, je réponds, cinglant.

Après la baignade, où je n'utilise pas mon instrument, je ne sais pas ce qui me pousse à m'installer dans la balançoire, cette guitare contre le ventre. Je connais à peine trois accords... et encore.

Comme Julien s'apprête à installer les poulets embrochés au-dessus des briquettes incandescentes, j'égrène les accords très simples du *Plat Pays* de Jacques Brel.

Guy, qui vient de décapsuler une bouteille de bière, s'étouffe avec sa première gorgée. Il fait le bouffon, se met à rire.

— Joue-nous quelque chose qu'on connaît au moins.

Après trois mesures, toute la famille rigole. Je n'ai encore rien joué, rien chanté. Soupe au lait, je bous, je rage.

J'enfourne ma guitare dans sa housse et je pars. Sans me retourner, je fonce vers le chemin avec un tel entêtement, une telle vitesse que la poussière doit lever sous mes pas. Je monte vers la route principale, me dirige vers Sainte-Rose. Jusqu'au terminus où j'attends l'autobus de Montréal.

Alors, en reprenant mon souffle dans l'obligation de patienter, de m'arrêter, je sens la coupure. D'un coup de tête, je viens de me séparer de cette famille pourtant témoin attentif de mes premiers pas. Je rumine : ils n'acceptent pas le changement, les transformations d'un des leurs. Devant eux, il ne faut pas casser l'image attendue. Je m'éloigne d'eux. Désormais nous n'aurons plus la même perception du monde, les mêmes désirs. Bien sûr, je suis jeune, excessif, tout. J'ai dix-sept ans. Ils n'ont jamais eu dix-sept ans.

J'avoue que, ma guitare au bout du bras, tout au long de cette pénible marche vers Sainte-Rose et pendant que j'attendais l'autobus, j'ai souhaité, secrètement, qu'une voiture apparaisse. Un de mes oncles, Guy peut-être, le rigolo, que ma grand-mère aurait délégué pour me récupérer. Lui qui, au nom de tous, aurait pu me dire qu'il avait fait une mauvaise blague, que c'était bien que je m'intéresse à la guitare, aux chansons, aux poètes.

— Allez, reviens dans la chaleur du cocon.

Personne ne s'est amené. Ni un de mes oncles, ni ma grand-mère, ni même mon père. Lui, il aurait fallu qu'il me convainque qu'Anna me suppliait de revenir.

La rapidité des années 1960 avait plongé les Deneault dans la confusion. Ils avaient planifié leur évolution sur les bases de la société d'avant. Un monde conservateur. Ils acceptaient certaines modes, quand elles avaient l'avantage d'être pratiques, de faciliter la vie. D'ailleurs, en achetant le modernisme des objets (une stéréo, une voiture, une télévision), ils prouvaient qu'ils avaient surmonté la Crise, la pauvreté, qu'ils accédaient au monde meilleur en pouvant se payer les marques de progrès. De l'intérieur, c'était plus laborieux.

Auprès d'Anna, je tentais de lui faire accepter les nouveaux feux qui m'animaient. Je savais pourtant qu'elle ne les approuverait pas. J'avais espéré que son amour pour moi l'empêcherait de traiter mes nouvelles expériences de folles, de me dénigrer ou de me rejeter. Pour la première fois, je défiais l'amour. Comme si j'avais besoin de le tester. De voir s'il pouvait tenir le coup malgré une opposition qui risquait de l'abîmer.

Plus tard, je reprendrai ces inconscientes tentatives de suicide, histoire de vérifier instinctivement, égoïstement et cruellement si on m'aime toujours.

La césure était consommée. En vérité, la famille, toujours solide, m'avait volé Anna. J'avais vieilli, je faisais les mauvais choix, je les décevais. La vie d'artiste, même pour ceux qui débordent de talent, est tissée d'insécurité. Et l'insécurité, c'est ce qu'ils s'étaient ingéniés à combattre.

Je vivais une peine d'amour. D'un côté, j'avais besoin d'assumer ce en quoi je croyais, de pousser cette envie récente, certes, mais bien ancrée de raconter des histoires, avec ou sans musique, avec ou sans image. Sinon je risquais de n'être personne. Et de m'en vouloir. D'un autre côté, j'aurais aimé obtenir l'approbation. Que l'on accepte ce que j'essayais d'être, ce que je devenais. Espérer être un artiste ne signifiait pas devenir fou.

Cela était trop difficile pour eux. Ils s'étaient tous débattus en brandissant leur dignité, leur fidélité, leur droiture. C'était une sorte d'armure, les règles immuables d'une armée. Il ne fallait pas en dévier. Si tu veux être avec nous, tu acceptes nos règles. Sinon tu es hors du clan. Mon père y demeurait en se taisant. Il conservait la force de son silence. Moi, je ne pouvais l'imiter, j'avais choisi de m'exprimer. D'un même mouvement, en cherchant autre chose, je devenais un traître. Je trahissais ce qu'on m'avait appris, l'amour qu'on m'avait porté, les rêves que l'on avait échafaudés pour moi.

* * *

À la Saint-Jean de 1968, pour nos noces, Andrée et moi avions décidé de subir une cérémonie intime. Nos frères, nos sœurs, quelques rares amis. Pas de famille superflue. J'avais invité Anna. Elle n'est pas venue.

La tribu avait avalé ma grand-mère. Elle s'était laissé porter. Elle n'avait pas résisté. Elle suivait le rythme de la famille. Normal, elle en était le cœur. Et le cœur a beau connaître son pouvoir, il ne peut faire autrement que de se laisser entraîner par le reste du corps. Un seul membre arraché le viderait de son sang.

37

Les veilleuses

C'est le samedi soir. Ça se répète parfois d'autres soirs de la semaine. Le samedi, c'est plus régulier.

J'ai dix-huit ans, Mimi dix-sept, Pierrot quinze. Olivier reste loin derrière.

Les soirs, nous sortons. Surtout Pierrot et moi. Chacun a ses activités, ses passions. Je m'écrase dans mes cafés préférés. Quand j'ai des sous, je vais au théâtre, au ciné. Je lis, un peu à la maison, à la bibliothèque municipale, pendant les cours que je trouve ennuyants. Je lis de plus en plus. Je griffonne des carnets, je dactylographie des bouts de roman, des poèmes. Je rêve d'être Rimbaud, nous sommes des milliers de faux Rimbaud de dix-huit ans. Je répète une pièce de théâtre, *Mort sans sépulture* de Jean-Paul Sartre, avec une troupe improvisée qui ne se rendra pas au bout de la course, je prépare des spectacles de chansons. J'aime une pianiste qui m'accompagne. Je pousse en ambitions, timide, entêté.

Et dans la nuit, quand je rentre de ma planète jeunesse, il y a de la lumière dans la cuisine. Je la vois du milieu de la ruelle, parce que nous entrons toujours par la porte arrière. Il suffit qu'il ne soit pas plus tard qu'une heure trente, deux heures. Pauline veille. Elle nous attend. Certains croiraient qu'elle veut vérifier dans quel état nous revenons de nos expéditions. Je n'en suis pas certain. Ma mère aime se coucher tard comme si elle repoussait une

157

échéance quelconque. Si elle nous attend, c'est parce qu'elle s'ennuie. Les samedis soir plus que les autres. En m'apercevant dans la porte, elle bat les cartes, prête à entreprendre une petite partie, à batailler pour me soutirer une victoire tout en mangeant une toast tartinée de beurre d'arachide.

Ma mère veille, mon père dort. Parfois, lorsqu'il se réveille à trois heures du matin, il nous crie de nous coucher. Il accuse Pauline de se plaindre d'être fatiguée, le matin. Il est vrai que ma mère a les réveils pénibles.

Depuis quand les veilleuses auraient-elles à se soucier des matins ?

* * *

Il y a les escapades dans l'été.

Les parents de ma pianiste amoureuse ont un chalet à quelques kilomètres de celui de ma grand-mère. Je me suis procuré une petite tente et je m'y rends souvent. Son père n'aime pas ça, sa mère nous surveille. L'après-midi, nous nous baladons en vélo.

Un jour, je l'entraîne dans le petit chemin qui conduit au chalet de mon enfance. La route n'a pas changé, le gravier, les longues herbes, les framboisiers sauvages, puis la forêt. Nous cachons nos bicyclettes dans les herbes hautes, nous osons pénétrer entre les arbres, griffés par les arbustes qui défendent leur territoire. Appuyés contre un arbre, nous faisons l'amour. Gauchement. Le moindre bruit nous excite, les oiseaux, les suisses, les écureuils, les branches sèches, craquantes. J'ai du bonheur en cet endroit même où j'ai connu une enfance heureuse. Je fais un clin d'œil à la vie, un pied de nez au temps.

Ensuite, nous visitons Anna, qui est seule, cet après-midi-là. Elle s'inquiète des éraflures sur mes bras, sur mes cuisses. Je lui dis que j'ai perdu le contrôle de mon vélo et que j'ai foncé dans la forêt.

J'aimerais raconter mes émois à Anna. C'est impossible. Comment peut-on raconter en détail ses nouveaux ébats amoureux à son ancienne amante ?

Depuis quand les veilleuses devraient-elles se soucier de ce qui foisonne aux abords des chemins ?

38

La joueuse

D'autres soirs, de plus en plus nombreux, Pauline s'absente. Louis aussi. Ils vont à l'hippodrome, à Blue Bonnets. Ils cherchent à obtenir des chevaux ce que leurs longues heures de boulot ne leur donnent pas. Mon père n'est pas chanceux. Il cherche le coup fumant. Il mise sur des picouilles qui finissent à la queue. Ma mère calcule beaucoup. Elle travaille le jeu au corps, patiemment. Si on lui dit que le résultat des courses est arrangé, elle répond qu'elle s'en moque. Son véritable défi ne consiste pas à découvrir le meilleur cheval, mais à trouver lequel est dû pour remporter l'épreuve.

Elle a besoin de risquer, de gager, en visant toujours la victoire, que ce soit aux cartes, aux courses de chevaux, au bingo.

Il faut qu'elle gagne. Le jeu, c'est sa bataille. Devant le hasard, les classes sociales s'aplanissent, chacun peut devenir riche. Longtemps, je n'ai pas compris ce qui poussait Pauline à se battre avec autant de vigueur. En toute chose, elle combattait presque sans espoir d'atteindre un résultat satisfaisant, mais aussi mince que soit sa victoire, elle la goûtait pleinement.

C'était sa façon de montrer le poing au destin... même pour une petite main de cartes qui ne lui rapportait qu'un dollar ou pour un cheval qui ne payait que trois dollars vingt pour les deux qu'elle avait misés. C'était sa manière d'arracher, grâce à son jugement, ce que l'existence ne lui octroyait pas gratuitement.

* * *

Ma sœur, qui était une belle fille, n'a pas multiplié les prétendants. Elle paraissait trop tranquille en comparaison de Pierrot et moi.

Un jour, sans avertissement, elle se met à sortir jusqu'à des heures impossibles. Pauline ne comprend pas. Sa fille deviendrait-elle une dévergondée ?

Elle l'attend, dans la nuit, un soulier à la main. Lorsque Mimi entre enfin, ma mère se met à la frapper, ce qui n'est pas son comportement habituel. Mireille, pour défendre sa cause, jure qu'elle est amoureuse et qu'elle veut épouser le garçon qu'elle a rencontré. Pauline se calme aussitôt.

Le mariage est planifié pour le mois de juillet. Ma mère tient à y inviter sa famille. Elle a réservé la salle de réception d'un restaurant près de l'église. La veille, elle constate qu'elle n'a pas pu réunir l'argent qui servira à payer la salle. Elle n'hésite pas. Mon père et elle se rendent à Blue Bonnets.

Lorsqu'ils rentrent vers vingt-trois heures, ma mère brandit ses gains : deux cent trente dollars. Mimi peut se marier dans la dignité.

39

Une affaire d'ailes

Je vole. Je suis devenu un écrivain voyageur. Comme une partie de ce que j'écris s'adresse aux enfants, on m'invite à rencontrer des groupes dans les écoles. J'aime les déplacements. Ils ne m'entraînent pas toujours au bout du monde. Certains après-midi, je traverse la ville de Laval. Je m'arrête chez ma grand-mère. Marie enseigne, je sais qu'elle est seule. Elle s'empresse de me préparer un casse-croûte. Des petits sandwichs au jambon, avec ce qu'il faut de moutarde et une feuille de laitue choisie.

Je mange mon enfance. Ce sont les sandwichs parfaits. Ma tante dirait qu'Anna connaît mes goûts. Comment pourrait-il en être autrement ? C'est elle qui les a formés. La vie d'après a fait le reste.

Quand Anna m'a-t-elle fabriqué un tel sandwich pour la première fois ? Ce jour a dû exister pourtant. Mais la vie de famille efface les premières fois. Elle privilégie l'habitude. Toutes ces petites habitudes développées amoureusement, redécouvertes une trentaine d'années plus tard.

Je repars, je reprends la route. Je ne suis plus fait pour vivre auprès d'Anna, j'ai maintenant les miens, mes activités, mes goûts, mes besoins. J'ai trente-deux, trente-cinq ans. Mais le goût d'enfance des sandwichs d'Anna demeure. Je l'écris parce que j'ai envie de le transmettre à mes enfants même s'ils ne connaissent pas ce goût qui m'habite.

Je reprends le volant. Ma grand-mère me regarde partir.

Ceci n'est pas une vie. Sans parodier Magritte, j'écris que ceci est de l'encre sur du papier, des phrases passées dans le sas des différentes versions de l'ordinateur. Même pas un roman, tout juste un carnet de notes, une série d'intentions.

Je conduis, je suis des pistes, emprunte des voies et des voix. En ai-je le choix ? Maman, au-dessus de mon épaule, me souffle dans le cou :

— Tu n'écriras pas ça.

Parce que ça, c'est l'intime, le non-dit et que ce qui se tait ne manque pas de créer des espaces imaginaires, des tableaux choisis, des morceaux.

Je ne peux pas tout dire. Révéler, par exemple, qu'elles avaient des ailes et qu'elles n'ont jamais volé. Qu'elles étaient davantage poule (ma grand-mère) ou autruche (ma mère) qu'oiseaux migrateurs, que voyageuses, que découvreuses. Elles n'étaient pas conquérantes, elles défendaient leur territoire, leur monde.

Je ramasse les morceaux de ces statues, je les recolle. Mal. Parce que je sais qu'elles me reprocheraient de le faire. Sans le dire en ces mots, elles sauraient que ce voyage en elles, ce repérage ne sert qu'à moi. En me libérant de leur présence au-dessus de mon épaule, je pourrai écrire autre chose.

Poursuivre en sachant que j'ai été aimé. Qu'est-ce qu'un enfant peut demander de plus ? Être aimé. Il ne sait pas encore s'il aimera, ce qui est le plus difficile, mais il aura su ce qu'est la sensation, la chaleur, l'immense privilège que d'être aimé.

40

Vacances à Piedmont

Ils arrivent, mon père, ma mère, dans une voiture louée pour leurs vacances. D'habitude, ils se déplacent avec la camionnette grise du salon mortuaire pour lequel ils travaillent. Pauline préfère l'autre voiture du salon, l'immense Lincoln Continental bien astiquée, mais ils n'ont pas toujours le choix. Ils dépendent de leur patron.

Ils ont passé une semaine, chez mon frère Pierrot, en Beauce. Ils viennent se réfugier dans les Laurentides où nous vivons depuis quelques années. Nous, maintenant, c'est Andrée, nos enfants, Catherine et Bruno, et moi.

Mon père s'ancre sous le petit toit de chaume, à côté de la piscine. Presque immobile, il se nourrit de la présence des enfants et boit la semaine durant. Il parle peu, il observe.

Ma mère vagabonde. Elle ne peut pas rester en place.

Elle souligne que les fleurs des plates-bandes d'Andrée sont moins avancées que celles de Marie, sa sœur.

— C'est vrai qu'à Laval la chaleur commence plus tôt. Et puis Marie s'en occupe beaucoup.

Elle n'utilise pas un ton acerbe ou grincheux. Elle n'est même pas pince-sans-rire, elle remarque, c'est tout.

Elle a cinquante-deux, cinquante-trois ans. Elle est plus jeune que moi qui écris en ce moment. Ce n'est pas vieux. Du moins, il me semble…

Au repas, elle relate les succès de ma sœur. Mimi écrit pour la télévision. L'émission pour enfants à laquelle elle participe est la plus populaire des ondes. Diffusée trois fois par jour, à des chaînes différentes, elle rejoint un vaste public. Même les parents en connaissent les chansons par cœur, on en tire des disques qui se vendent comme des petits pains. Mireille souffre de ne pas être rémunérée davantage.

— Tes émissions, on ne les voit pas autant.

Des yeux, ma mère cherche le beurre. Elle a raison. Je gagne ma vie comme scénariste, moi aussi. Le producteur et le diffuseur de mes histoires paient beaucoup mieux.

— Je ne comprends pas que Mimi ne soit pas capable de s'acheter une maison. C'est à peine s'ils ont les moyens de rouler en auto.

Depuis quelques années, Pauline a développé cette manie des comparaisons. Il s'agit peut-être d'une manière de donner des nouvelles des autres, de servir de fil conducteur comme le fait Anna avec les siens. À moins que ce soit une façon de se situer par rapport à tout ce qui lui échappe. Quand nous vivions autour d'elle, elle n'éprouvait pas le besoin d'agir ainsi.

Le malheur, c'est qu'elle alimente une compétition entre Mireille et moi. En est-elle consciente ? J'en suis persuadé. Au téléphone, elle reprend le même manège. Elle fait miroiter les réussites de l'autre, comme si nous ne le savions pas, et nous compare. Quand elle voit Pierrot et Olivier, qui travaillent dans des restaurants, elle leur parle de Mireille et de moi. Nous devenons des modèles.

— Ils ont du talent, eux autres !

Ce n'est que plus tard, après sa disparition, que nous avons compris les mécanismes de ses discours, sa manière d'aimer, de nous défier. Une sorte de bluff ! Comme au jeu. Comme dans la vie. Si un étranger émettait une critique concernant une émission de Mimi ou de moi, ou même au sujet du travail de mes frères, elle sortait les ongles pour défendre sa progéniture. Ça aussi, nous l'avons appris plus tard.

À Piedmont, entre la barrière de pins adultes et la forêt qui entoure la maison, Pauline ne se détend pas. Elle demeure sur le qui-vive, ne peut supporter l'idée qu'elle ne m'accompagnera pas, ne serait-ce qu'au moment où je vais acheter un pain.

Et puis, lorsque j'écris, elle vient lire au-dessus de mon épaule, ce que personne ne fait chez moi. Autrefois, elle me reprochait surtout le bruit de ma machine à écrire, certaine que le rythme des lettres sur le papier me conduisait à la folie. Une forme détournée du supplice de la goutte d'eau des Chinois. Maintenant, elle tente peut-être de comprendre comment je parviens à vendre cette suite de mots.

Un jour, quelques années plus tôt, je l'ai appelée. J'étais heureux de lui annoncer que Radio-Canada avait acheté mon premier texte.

— C'est une histoire que tu as inventée ?

— En plein ça !

— Ça passe quand ?

— À la radio, mercredi prochain, à…

— Ah ! c'est juste à la radio !

J'étais démonté. S'en était-elle rendu compte ? Maintenant, elle surveille mes histoires, ne les commente pas. Butant sur une réplique, elle dit simplement :

— Tu ne vas pas écrire ça !

Pour me défendre, j'exagère. Je lui fais croire n'importe quoi.

— Oui. Et mon personnage se retourne et baisse ses culottes.

— Pas vrai !

— Bien oui.

— Pas pour les enfants.

Elle hésite. Suis-je sérieux ? Sa naïveté et son scepticisme naturels se livrent une dure bataille. Le monde change, elle l'a bien vu, elle en est consciente. S'est-il transformé au point que les personnages farfelus des émissions jeunesse montrent leurs fesses ? Elle secoue la tête, je la laisse mûrir ses doutes.

Dans les différents salons funéraires où elle tient le rôle de gérante depuis quelques années, elle en voit de toutes les couleurs. Devant la mort et tout ce qui l'entoure, les humains se révèlent crûment et cruellement. Pourtant elle n'a pas changé, elle oscille encore entre le bien et le mal, elle flotte entre le possible et l'improbable, elle tangue entre les horreurs de la vie — l'œil crevé d'un bambin, la mort d'un père, la peau brûlée d'une petite fille — et le bonheur d'une carte de bingo qui prouve que vous pouvez gagner, tirer le bon numéro.

Pauline commence enfin à amasser quelques dollars. Elle les cache dans la manche d'une vieille robe de chambre. Elle achète quelques obligations d'épargne du Canada, elle conserve ses livrets de banque dans son sac à main.

Lorsqu'ils ont vendu l'épicerie, juste avant de faire faillite en somme, Louis a fait un peu de taxi et ma mère a été embauchée dans un magasin d'alimentation. Elle a vécu l'humiliation de démarrer au salaire de base, comme si elle n'avait même pas su comment fonctionnait une caisse enregistreuse. Julien, qui venait d'accepter une cure à Montréal-Nord, leur a déniché un emploi dans les salons mortuaires. La tâche d'une gérante s'étale entre le ménage à faire et l'organisation des funérailles. De son côté, mon père va chercher les corps. Aux enterrements, il devient chauffeur et porteur. Ce travail permet à ma mère de jouir de plusieurs à-côtés. Elle qui avait peur des morts. Maintenant, pour quelques dollars, elle les coiffe. Elle encaisse les profits de la machine à boissons gazeuses du fumoir, elle touche une commission des fleuristes auxquels elle réfère des clients. Elle devient une petite entreprise.

Lorsqu'elle se sent riche et que sa famille lui manque trop, elle prend une semaine de vacances supplémentaires à ses frais. Ainsi, elle accompagne Anna, Marie et Yvette dans le Maine ou le New Jersey. Ils y rejoignent Jean-Marcel et ses deux enfants. Sa plus vieille, que Marie-Anne et lui ont adoptée, lévite quelque part au Tibet après leur avoir causé mille et un soucis.

Louis préfère rester à la maison. Au bord de la mer, la vraie mer touristique, il ne se sent pas dans son élément. Surtout que ma mère n'a qu'une envie : visiter les centres commerciaux. Pendant les dix ans où elle a été esclave de l'épicerie, ces regroupements de magasins de banlieue se sont développés. Pauline les a vus de loin, ces symboles du changement, d'une espèce de modernité qui lui plaisait, qui lui manquait.

Jacques et sa femme ne se déplacent pas. Le fourreur a abandonné les cigarettes qu'il mordillait, a subi des pontages, il tient le coup. Guy, qui s'est marié et a eu deux enfants, a quitté sa femme pour leur jeune gardienne. La tribu le boude. L'infidélité et le manque du sens des responsabilités sont des choses que les Deneault pardonnent mal. Mon oncle tente de trouver quelque consolation auprès d'Anna. Sa mère est déchirée. Si elle n'approuve pas son comportement, elle ne peut faire autrement que d'aider son enfant. Il suffit que les autres ne le sachent pas.

Les vacances sont finies. Pauline et Louis s'en vont. Ma mère pleure. Elle est heureuse de sa semaine. Elle nous laisse, essoufflés, à nos Laurentides. C'est un dimanche. Elle et Louis vont souper chez Anna. Le reste de la famille sera là et ils mangeront du poulet barbecue.

41

Un chapeau d'hiver au-dessus de la foule d'un centre commercial

J'appelle ma mère. Je veux savoir comment va sa santé avant de m'envoler pour la France.

— Ça va bien. C'est quand je reviens de l'hôpital et le lendemain des traitements que j'ai de la misère. Le reste du temps, ça se supporte.

Elle ajoute, avec un soupçon d'inquiétude qui s'adresse davantage à elle qu'à moi :

— Tu n'as pas peur que ça tombe ?

Emprunter un avion qui vole pendant six heures pour atteindre Paris lui semble une aventure à hauts risques. Elle n'est jamais montée à bord d'un appareil. Elle n'en a jamais manifesté la moindre envie.

— C'est drôle, je ne voudrais pas mourir dans un accident d'avion.

La mort ! Il y a plein de mort dans sa vie. Depuis trois ans, surtout. D'abord, son frère Julien, un cancer du poumon, parti à cinquante-quatre ans. Puis mon père, foudroyé par un cancer du pancréas. Il s'est sauvé en quelques semaines dès qu'il a appris que Pauline souffrait d'un cancer. Enfin, Anna, l'année dernière. Hémorragie cérébrale, quelques heures de coma. J'ai voulu me rendre à son chevet, ma mère me l'a déconseillé.

— Non, non, on est tous là. Il n'y a rien à faire.

La mort rode autour de Pauline. Elle, elle résiste.

Lorsqu'elle remonte la pente, après un traitement de chimio, elle reprend son rôle de Louis de Funès au féminin. Devant ses patrons, devant ses clients, les acheteurs de cercueils, elle enfonce sa perruque, sourit avec compassion. Capable de jouer la belle forme, ma mère, alors que, dans l'intimité de son logement, elle se traîne, malade à en crever.

Au téléphone, elle est pressée.

— Pierrot m'attend. J'ai brisé ma passoire à spaghetti, il m'amène au centre d'achat en acheter une autre. Il faut que je te laisse.

Pierrot, depuis sa séparation, vit avec elle. Elle a aussi recueilli Guy, lorsque la jeune gardienne l'a largué. Son logement est devenu la base des mal-aimés.

Elle ajoute comme s'il était important que je le sache :

— Ton oncle ne se remet pas de la mort de maman. Il n'a même pas l'argent pour payer la pension à sa femme, c'est Marie qui s'occupe de ses enfants. Marie et Jean-Marcel. Moi, il m'aide au salon. Là, il faut que je te laisse pour vrai.

Pierrot et Guy n'ont plus rien et elle, la malade, devient leur soutien. Ils sont une présence. Mon frère l'a conduite à ses traitements de radiothérapie qui lui ont brûlé les intestins, il veille sur elle après ses chimios. Mon oncle répond au téléphone du salon funéraire. Pauline combat pour eux. Ils sont sa sécurité, elle en tire ses dernières forces.

— Bon voyage !

Ma mère me souhaite un bon voyage, elle raccroche.

Pierrot l'accompagne au centre commercial de Montréal-Nord. Elle marche dans la foule avec une telle vigueur, une telle énergie qu'il ne parvient pas à la rattraper. Bientôt, il n'a d'autre choix que de suivre, de loin, l'évolution de son chapeau d'hiver qui se déplace, tel un point paniqué, au-dessus de la foule du temps des fêtes. Elle sait exactement où elle va. Lui pas.

* * *

À mon retour de France, j'aurais aimé que Pierrot m'annonce que notre mère avait disparu ainsi, avalée par la foule d'un centre commercial. Son chapeau se serait promené un moment et, tout à coup, il l'aurait perdu de vue.

Cela aurait évité tout ce qu'il y a de triste et de tordu, à la fin.

Parus à la courte échelle :